Die Frau in der Literatur

Leonor Fini

Rogomelec · Selbstporträt Pseudonyme

Übertragung aus dem Französischen
und Essay ›Zu Besuch bei Leonor Fini‹:
Gerhard Weber

›Leonor Fini erzählt‹:
Gespräch mit Claudia Steinsberger

Ullstein Taschenbuch

Die Frau in der Literatur
Lektorat: Hanna Siehr

Ullstein Buch Nr. 30210
im Verlag Ullstein GmbH,
Frankfurt/M – Berlin

Umschlagentwurf: Theodor Bayer-Eynck
unter Verwendung eines Ausschnitts aus dem
Gemälde ›La guardiana delle fonti‹ (1967)
von Leonor Fini
Alle Rechte vorbehalten

Printed in Germany 1988
Gesamtherstellung:
Ebner Ulm
ISBN 3 548 30210 6

Juli 1988

Inhalt

Rogomelec

Ich wußte, daß man sich nicht in Versuchung führen lassen soll, daß man zu Hause bleiben und in dieser barbarischen Zeit Reisen zu meiden hat, das furchtbare Gedränge, die Demütigung des sogenannten Landlebens.

»Andere Länder aufzusuchen ist vergebliche Mühe.« Maurice Scève hatte dies geschrieben; ich wiederholte es mir nochmals.

Aber man hatte mir von diesem einsamen Ort berichtet, von dem einschläfernden Klima. Ich stellte mir ein Wohlbefinden besonderer Art vor und ging aufs Schiff.

Es war die Port Said.

Andere Schiffe tuteten schon gewaltig. Die Port Said hatte noch Zeit; mindestens eine Stunde. Mit Ballen duftender Kräuter beladene Karren fuhren vorbei – Safran vielleicht oder Zimt – ein angenehmer Geruch und überall goldgelber Staub. Dieser Staub verdeckte manchmal die laut sprechenden Menschengruppen, die, wie mir schien, alle in der gleichen Farbe gekleidet waren.

Nur einer sah anders aus, dabei kaum empfehlenswert. Bei genauer Betrachtung schien er jedoch eher das Aussehen eines Ermordeten, als eines Mörders zu haben. Er bahnte sich einen Weg, um einer jungen blonden Frau näher zu kommen, die überrascht zu sein schien, als sie ihn sah, und die ihn gewiß nicht kannte. Er bückte sich leicht und flüsterte der Frau etwas ins Ohr, die, im Gegenlicht, von zerbrechlicher Transparenz zu sein schien. Dann senkte sie den Blick in Richtung seiner offenen Hand, die sich in Höhe ihrer Hüfte ausstreckte. Sie stieß einen leisen Schrei aus, aber ein mit Ballen beladener, nach Safran und Zimt riechender Karren, der vorbeifuhr, ließ sie meinen Augen entschwinden.

Ich sah sie nicht mehr.

Das Gedränge wurde immer dichter.

Mir wurde klar, daß ich diesem Mann folgte.

Er hatte sich schon einer blau gekleideten Frau genähert, deren Gesicht ich nicht sehen konnte, weil der Tüll ihres Hutes ihr Profil verdeckte. An einer Geste erkannte ich, daß sie ihre Brille abnahm und sich der dargebotenen Hand zuneigte: ich weiß nicht, ob der Lärm der Menge ihren Schrei erstickte, jedenfalls hörte ich ihn nicht.

Ich sah, wie sie in sich zusammensank.

Hatten eilige, aufgeregte Reisende ihr gehol-
fen, sich aufzurichten? Ich weiß es nicht.

Man zog schon den Landesteg ein.

Würde der Mann das gleiche Schiff nehmen?
Ich sah ihn in entgegengesetzter Richtung im
Zickzack laufen. Es fiel mir schwer, ihn weiter zu
beobachten. Die Reisenden wurden unverschämt.
»Gehen Sie schon!« hörte ich sie dicht vor meinen
Ohren schreien . . .

Da bemerkte ich eine junge Frau mit aufgelösten Haaren auf den Landesteg zueilen. Sie ging
wirklich als letzte an Bord. Der Mann schien zor-
nig auf sie einzureden. »Ja«, hörte ich ihn
schreien, »auch ich hab' davon 'ne Menge, überall, überall. Sehn Sie sich's an!« Und er fuchtelte
mit der Hand, deren Innenseite dunkel getönt
war. Ich war zu weit entfernt, um zu erkennen,
welcher Art dieser Schatten war.

Ein Steward schob mich zu meiner Kabine hin
und sagte: »Das Abendessen wird nach der Ab-
fahrt serviert, beim ersten Tuten der Sirene. Der
Kapitän lädt sie zu Tisch.«

Die Katze setzte sich als erste an den Tisch.

Ohne mit der Wimper zu zucken, fixierte sie den Mann ihr gegenüber, einen Versicherungsbeamten wie mir schien. Böses Gesicht. Sie war entrüstet, als er ihr unter dem Tisch die Pfote berührte.

»Die Berührung«, murmelte sie.

Der Mäzen, den sie vom Sehen kannte, wollte seinen Mantel nicht ablegen, eine Art Sommerfell aus Schmetterlingsflügeln. Wen wollte er betören? Er erzählte, daß er an Haarausfall litt und wie er geheilt worden war. Der Kapitän platzte vor Lachen und fragte ihn, ob auch die Schamhaare ausgefallen seien.

Die Katze sah mich an, wies auf den Mäzen und sagte: »Rastaquoere!«

Niemand merkte, daß sie gesprochen hatte.

Mein Nachbar war ein Exilrumäne, ein Prinz. Er hatte Stilaugen, »ganz in Facetten«.

Es war unerklärlich.

Er konnte einen prismatischen Blick haben, so wie Fliegen. Das nennt man »Magna« sagte er und bat um Entschuldigung, weil er »mit Akzent« spreche.

Die Nahrung bestand aus »Konserven« und drei Mal mußte ich wiederholen: »Ich rauche nicht.« Die ohrenbetäubende Musik setzte einen Augenblick aus. Der Kapitän lud uns in den Nebenraum ein, wo er unsere Pässe abstempeln wollte. Er setzte sich an einen Tisch —

— und da setzte er seine Hörner auf.

Der Saal war schnell überfüllt.

Da war eine Gruppe grau gekleideter Nonnen, die ihre übelriechenden Röcke schwangen.

Eine spindeldürre Brünette ging auf den Kapitän zu. Er küßte ihr die Hand.

»Sie riechen angenehm nach Pfeffer«, sagte er zu ihr.

Sie buchstabierte ihren Namen:

»Aspasie Aphendulis.«

»Griechin?«, fragte der Kapitän.

»Nein, Tirolerin . . .«

In diesem Augenblick drangen durch den Haupteingang dicke, robuste junge Leute ein, die mit ihren feisten roten Knien wackelten und Zither oder Ziehharmonika spielten. Gehörten sie zur Reisegesellschaft oder waren sie die Emanation eines einfachen Wortes?

Plötzlich spürte ich hinter dem Bullauge den Blick der Frau vom Landungssteg mit dem aufgelösten Haar. Ihre Gegenwart war übermächtig. Vor dieser Frau hätte ich gern »die Haut gewechselt«; dann hätte sie mich mit unvergeßlich fixem Blick angesehen ...

Kurz darauf war ich in meiner Kabine, die Atmosphäre schien mir ungewöhnlich drückend. Man kam, mich aufzuwecken und um mir zu sagen, ich müsse schnell aussteigen, das Schiff würde nur eine halbe Stunde festmachen.

Es war das erste Dorf.

Fast einen ganzen Tag mußte ich dort verbringen. Erst am Spätnachmittag, fast am Abend, würde das Motorboot mich nach Rogomelec bringen.

Inzwischen stieg ich in einem kleinen Gasthof ab.

Mein Zimmer war feucht.

An der Wand las ich die Hausordnung: »Es ist verboten, die Gänge in obszöner Kleidung zu betreten«,

»Verboten, im Zimmer zu sterben«.

Die Bettücher hatte man mit Stecknadeln befestigt; unmöglich, das Bett aufzumachen. Die Tapete war braun verschmiert. In den Schubläden

fand ich nur Zigarettenstummel. In verrosteten Nähnadeln steckte ein schwarzer Faden ... Im Wandschrank sah ich eine Wollsocke; ich fand dann einen anderen Strumpf, aber er war nicht von der gleichen Größe.

Da bin ich vorsichtig ans Fenster gegangen ... unten floß ein kleiner Bach vorbei, oder besser ein reißender, schnellzüngiger Gebirgsbach.

Das Wasser floß wie die vorübergehende Zeit.

Die Lust, die Hand in das schnelle, frische Wasser zu tauchen, verführte mich dazu, hinabzusteigen. An beiden Ufern hatte ich gelbe und weiße Blumen gesehen.

Indes, als ich in dem Bach watete, stießen auch da meine Füße an Metallbüchsen, zerknülltes Papier, zerbeulte Gegenstände, eine Pfanne.

Hier wie anderswo.

Doch war der kleine Gasthof von den großen Siedlungen ziemlich weit entfernt. Ich sah Schilfrohr, an dem sich rosa Fäden festgehakt hatten, vielleicht von einem Schal.

Die weißen Blumen waren wilde Jasminblüten ...

Ich setzte mich ganz nahe ans Wasser, aber als ich meine Hände hineintauchen wollte, sah ich an den tieferen Wasserstellen einen alten Sessel auf mich zuschwimmen. Kleine Wirbel schaukelten ihn. Da schien er sich aufzublasen, ja fast auszubreiten. Manchmal hielt er vor einem Stein jäh an und geriet aus dem Gleichgewicht.

Jetzt näherte er sich so langsam, daß ich das zerfressene, vergoldete Holz sehen und die türkis- und lilafarbenen Muster des Gewebes zählen konnte; hier und da ragten aufgelöste Fransen heraus, die sich wie Algen bewegten und die ein leichter Wind vorantreiben konnte. Er schwamm weiter, stieß an den Zweig eines aus dem Wasser herausragenden Strauches, zögerte, bis eine Strömung ihm half, den Weg fortzusetzen. Ich wollte kurz mit ihm in Berührung kommen. Ich nahm ein Bambusrohr, aber er schien sich zu entfernen, wohl um mich zu meiden; schnell glitt er vor mir dahin. Dann zögerte er ein wenig. Vielleicht erwartete er Hilfe?

Ich war im Wasser ausgerutscht, konnte mich aber wieder halten und aufrichten.

Ich wollte ihm folgen und machte einige Schritte.

Das Gras wurde dichter.

Ich sah ihn noch immer.

Da fing er plötzlich an zu singen.

Ja, er sang mit tiefer, leicht verschleierter Stimme.

Dann wurde er noch breiter, bog ab; andere Wirbel trieben ihn weg, – schon sah ich ihn nicht mehr.

Jemand berührte mich am Arm.

Ich drehte mich brüsk um. Die Frau mit den großen Augen sagte zu mir:

»Gehen Sie nicht weiter; es wird sehr gefährlich. Ich habe Sie beim Kapitän gesehen, neben meiner Schwester Aspasie.«

»Sie gehen nach Rogomelec?«, fragte ich.

»Nein, und wir sind keine Tirolerinnen. Unsere Mutter war Wienerin. Meine Schwester scherzte nur. Sie geht nicht nach Rogomelec. Ich, ja. Sie sind nie dort gewesen, nicht wahr? Die Kur ist einfach, sehr wirksam. Man muß die Diät streng befolgen: nichts als zerriebene Pflanzen und Blüten in verschiedenen Flüssigkeiten, deren Herkunft man nicht kennt. Die Mönche sind die Erben tausendjähriger Traditionen ... Viele Völker sind dort vorbeigezogen! Es gibt noch Katakomben. Aus der Zeit der Römer, natürlich der Epoche des Numa Pompilius; aber auch Teutonen waren da.«

Sie sagte das alles, ohne Atem zu holen. Sie spürte meine Unruhe; da lachte sie. »Das Kloster«, fuhr sie fort, »liegt direkt am Meer. Das Wasser ist sehr klar, kaum Fische, hauptsächlich Kraken ... ziemlich groß. Nein, gefährlich sind sie nicht. Im Wasser ergreifen sie plötzlich Ihre Hand, als wollten sie ihre Glückwünsche darbringen oder ihr Beileid ausdrücken. Es ist nicht klebrig, im Gegenteil! Eine knappe Berührung, eigentlich zu knapp, aber sehr intensiv, und manchmal umfassen sie das Fußgelenk, einen Arm, einen Schenkel ... Erschrecken Sie nicht; es gibt übrigens für diese Dinge einen Mönch, Calpournio, der fast immer auf den Felsen Ausschau hält, mit seiner Schachtel voll Salben und Pomaden.«

Ich war perplex.

War es wirklich jene Frau, vor der ich meine Haut zu wechseln wünschte? Das lockte mich jetzt weniger.

Ich lächelte bei dem Gedanken.

Sie fuhr fort: »Ob man die Kraken ißt? ... Nein, gewiß nicht. Das hat mit der Diät nichts zu tun; das würde die Ruhe, den Schlaf stören. Aber es gibt einen Mönch, der es versteht, sie zuzubereiten, eingelegt in Salz. Und sogar als Pastete.

Aber ich möchte Sie nicht in Versuchung führen. Sie sollten sich jetzt zurechtmachen. In einer Stunde fährt das Boot ab.« Ich befand mich am Eingang des Gasthofes. »Ich warte auf Sie«, sagte sie. »Kommen Sie schnell wieder, ich werde Sie zum Landesteg begleiten.«

In meinem Zimmer hatte jemand herumgestöbert. Meine Wäsche, meine Kleider lagen verstreut auf dem Bett und dem Fußboden. Einige Stücke waren auf einer Leine am Fenster aufgehängt ... Ich war ein wenig verärgert. Ob sie es war, die Frau, die sich um mich kümmerte ... Wenn sie nun gekommen war, auszuforschen wer ich war, vielleicht von jemandem dazu beauftragt? Ich nahm mir die Zeit und ordnete alles peinlich genau. Unten wartete sie auf mich. Mir war aber aufgefallen, daß sie einen struppigen, leicht buckligen Zwerg verlassen hatte, gerade in dem Augenblick, als sie mich sah.

Sie bestand darauf, meinen Koffer zu tragen.

Lächelnd sagte sie:

»Er ist leicht, aber Sie haben einige Bücher.« Wir überquerten Gassen und Wege, in denen Wasser floß. Dann führte sie mich an eine Anlegestelle, an der, kaum schwankend, ein schwarzes Motorboot lag. Als hätte ich sie keinen Augenblick verlassen, entfuhr mir eine Frage, die noch zu den Erklärungen gehörte, die sie mir vor kurzem gegeben hatte.

»Und abends, nachts?«, fragte ich.

»Abends?« Sie sah mich mit einem versteckten Lächeln an.

»Am Abend, in der Nacht? Da bieten wir uns den Schatten an, da reiten wir auf der Dämmerung.«

Sie stieß mich fast in das Boot hinein, in dem ein Matrose und ein kleiner Mönch waren.

Der Matrose rief: »Niemand mehr?«

Sie antwortete: »Niemand«, das Boot machte los . . .

Das beruhigte mich.

Wir fuhren ab.

Die Frau blieb am Landesteg.

»Ich heiße Xenia«, rief sie . . .

Ich grüßte sie mit einer Handbewegung.

Der Motorlärm hinderte uns am Sprechen.

Das Meer war fast schwarz und schien plötzlich unbeweglich; wir kamen mit einer Geschwindigkeit voran, als würden wir Marmor zersägen.

Rogomelec: ich hatte in einem eigenartigen kleinen etymologischen Wörterbuch aus dem 18. Jh., das natürlich ein Mönch verfaßt hatte, gelesen: »Rogomelec, aus dem Hebräischen, heißt soviel wie ›jener, der den König steinigt‹.« Ich wandte mich zu dem kleinen Mönch und versuchte, ihm das zu erklären. »Nein, nein«, sagte er, »der ist es nicht, es handelt sich um einen anderen« ... und er schüttelte die Asche von einem seiner Ärmel. »Nicht dieser«, wiederholte er; und er fügte hinzu: »In einer Stunde sind wir da.«

Wir kamen an; es war dunkle Nacht. Ein Mönch, sein Gesicht konnte ich nicht erkennen, hob mich aus dem Boot.

»Schließen Sie die Augen«, sagte er, »dann bin ich schneller.«

Ich schloß die Augen.

Ich bemerkte, daß er eine Treppe mit ungleichen Stufen hoch stieg. Der Mönch strömte einen sauren Geruch aus. Er bat mich, die Augen zu öffnen. Einen Augenblick lang faßte er mich um die Hüfte und führte mich dann einen schmalen Pfad entlang. Er zündete eine Lampe an.

»Treten Sie ein.«

Ein altes Tor öffnete sich, zwei Mönche hielten die Flügel.

Die Kälte der Nacht wurde spürbar.

»Kommen Sie herein, das ist Ihre Zelle. Trinken Sie.«

Es war ein dunkelgrünes Getränk. Durch das Kerzenlicht konnte man in der Flüssigkeit silberne Körnchen erkennen. »Trinken Sie, trinken Sie.« Als ich mich umdrehte, war der Mönch verschwunden. Das Tor hatte sich geschlossen. Ich fiel in einen tiefen Schlaf und spürte auch nicht die geringste Neugier, mich umzuschauen.

Beim Morgengrauen –

es mußte das Morgengrauen sein –

steckte der Mönch seinen kleinen Kopf durch das Tor. »Gut geschlafen, nicht wahr? . . . Gut geschlafen . . .« Ich hätte nicht sagen können, ob es der gleiche Mönch war. Er sagte: »Ich bin Bruder Talo. Ich bin gekommen, Sie aufzuwecken und ich werde Sie waschen.« Er schmierte mich mit einer rosafarbenen Creme ein, dann nahm er mich in seine Arme.

Er roch nach Lavendel; also war es nicht der von gestern abend. »Morgen werden Sie allein gehen.« Er sprach zu mir wie zu einem Invaliden; er führte mich zu einem Wasserfall, wo das Wasser mächtig herabbrauste, eiskaltes Bergwasser. Das Wasser spülte die Creme weg. Das juckte. Das Wasser roch nach Myrrhe, nach Rosmarin.

Dann zog der Mönch sich nackt aus und drückte mich gegen sich. Sein Körper war warm, so angeschmiegt an den meinen. »Ist Ihnen kalt?« Er stellte sich ebenfalls unter den Wasserfall und schlug mit Zweigen leicht auf mich ein.

Mir war neben dieser Quelle ein großer Spiegel aufgefallen, Second Empire. Er lehnte an einer Steinmauer und war zum Teil schon von Pflanzen in Beschlag genommen.

»Das ist genug für heute, ziehen Sie sich an.« Er brachte mir ein anderes Getränk, »mit einem Löffel einzunehmen«. Mir fiel sein langes Profil, seine spitze Nase auf.

Eines seiner Augen war braun, das andere hellgrün.

Als ich hinabstieg und den Gemüsegarten durchquerte, sah ich zwei ältere Mönche. Einer hatte einen Hals wie ein Geier ... Wofür war er zuständig? Talo bat mich, in einen abseits gelegenen Pavillon einzutreten.

Hier war Bruder Capnosfrante beauftragt, die Getränke und Speisen zu kosten, ehe man sie servierte ...

Er war dickleibig und als Talo mich durch die

kleine Tür stieß, sah ich, wie er an seinem Bauch lutschte. Das Bett unter ihm schien sehr klein zu sein.

Er hob den Kopf.

Er hatte ein sehr breites Gesicht, in dem die winzigen Einzelteile fast verschwanden. Seine Haare waren lang und zu kleinen steifen Zöpfen geflochten. Er gab einen blökenden Laut von sich. Talo sprach über ihn, wie man es von einem Tier tut, das in einem Käfig eingesperrt ist. »Der da«, sagte er, »liebt alles, was man auf und in dem Bett macht.«

Er mußte aus dem Orient stammen.

Mit seinen kleinen, zurückgebogenen Fingern holte er unter dem Bett einen lila Schal hervor, den er sich auf den Bauch legte. Seine Fingernägel hatte er dunkelrot angemalt. Er sprach mit einem Akzent und hatte einen Sprachfehler. Er verriet mir, daß Xenia ihm die Fingernägel so schön rot angemalt hatte und daß sie bald kommen würde, um ihn zu waschen.

M ein Bad, mein schönes Bad, mein sündi-
ges Bad«, sagte er, indem er die Oberlippe
ein wenig spitzte.

Die Zähne waren grau, einige fehlten. Das
mußte ihm bewußt sein, denn er hielt sich schnell
die Hand vor den Mund und verschickte Hand-
küsse in der Art einer prima ballerina assoluta.
Dann klatschte er in die Hände und sofort spran-
gen unter dem Bett und aus dem kleinen Vorzim-
mer rotbraune und weiße Katzen mit dickem Fell
und von riesigem Wuchs hervor und setzten sich
aufs Bett.

»Die Maine Coons«, sagte er.

Und gleich einem kleinen Idioten wiederholte
er: »Maine Coon, coon Maine, coon, coon, very
loving.«

Er sprach weiter in einem bizarren Englisch zu
mir. Er zeigte mir Malereien, die an den Wänden
festgenagelt waren. Es handelte sich vielmehr um
farbige Zeichnungen, die wie Eingeweide oder
Geschwülste aussahen.

»Flowers, my flowers.«

Talo übersetzte:

»Er malt Blumen«

und indem er mich am rechten Arm faßte, führte er mich hinaus.

Ich wurde zwei mageren, sehr großen Mönchen vorgestellt, die sich eine Zelle teilten. Der eine nannte sich Bruder Babylo, der andere Bruder Eteo. Sie erhoben sich und erwiesen mir eine sehr tiefe Ehrenbezeugung. Einer sagte:

»Ich bin der schwarze Engel«,

der andere:

»Ich bin der Nachtengel.«

Wie soll man das bezweifeln?

Ich verlangte den Garten zu sehen und befragte Talo wegen Capnosfrantes Bädern. Talo erklärte mir, sein eigentlicher Name sei Eol, was so viel wie »variiert« bedeutet; die Bäder seien öffentlich und man könne Xenia sehen, wie sie ganz von Seifenschaum bedeckt in einen Holzkübel springt und sich an den Riesenkörper Eols schmiegt, um ihn zu waschen.

Andere Mönche würden in Geschrei ausbrechen und die Badenden mit wohlriechenden Essenzen bespritzen.

Im Garten hielten sich einige Gäste auf. »Wir nehmen wenige auf einmal auf, um sie besser beobachten zu können.« Mir fielen zwei Kahlköpfe auf, die sich mit dem »Marco Polo«-Kartenspiel vergnügten. Es waren sehr große Karten aus altem steifen Pergament.

Manchmal ärgerten sie sich und sie nannten das Spiel »Blaubarts Käfig«.

Wenn einer verlor, meinte der andere ironisch in deutscher Sprache: »Siehst du, mein Liebling« und notierte schnell Zahlen auf blaues Papier. Talo machte mich auf zwei große Mädchen aufmerksam, die sich fast völlig glichen. Die eine hieß »Myrtho«, die andere »Melissa«. Sie kamen jeden Sommer. Hinter einem Sonnenschirm sah ich die mageren, bleichen und violetten Beine eines alten Herrn.

Ich sah einige Tiere: zwei weiße, ziemlich gerupfte Pfauen, die wie Hühner pickten; graue und schwarze Kaninchen, die Gemüse und Blumen fraßen.

»Was sie übriglassen ist das Beste«, erklärte Talo, »sie fressen, was schädlich ist für den Menschen.«

Ich sah andere Mönche vorbeigehen, die einen

mit stolzer Miene, die anderen tief gebeugt, fast auf allen vieren gehend.

Talo empfahl mir, vor dem Mittagessen schwimmen zu gehen.

Das Wasser war kristallklar.

Schwimmen macht so jung, man fühlt sich wie ein Kind.

Plötzlich spürte ich eine starke, aufdringliche Umarmung am Fußgelenk. Die Kraken: ich hatte nicht mehr daran gedacht. Ich versuchte, mich mit den Händen loszumachen; aber da umfaßten sie das Handgelenk, und dann den Arm. Dann ließen sie mich plötzlich frei. Die Kraken hatten genug.

Ich schwamm schnell, um ans Ufer zu gelangen. Ich verspürte keinen eigentlichen Schmerz, hatte aber ein Gefühl des Prickelns und ich ließ Meerwasser an mir herunterlaufen.

»Nein«, sagte eine Stimme neben mir, »nicht so, da wirds schlimmer.« Ich drehte mich um und sah, wie Xenia es mir vorausgesagt hatte, den Mönch Calpournio hinter mir kauern. Er hatte also auf mich gewartet. Er paßte auf die Schwimmer auf, um ihnen seine Pflege, seine geheimen Einreibungen zugute kommen zu lassen.

Er war furchtbar mager, ausgetrocknet, klein, fast ein Zwerg. Er ging leicht nach vorn gebeugt, hüpfte, dann zog er sein steifes Bein hinter sich her wie einen Fremdkörper. Er nannte es übrigens »mein Gefolge«. Um seinen Hals trug er eine dicke Schnur aus geflochtenem Leder, an der eine Schatulle aus sehr altem Holz befestigt war. Als er sie öffnete, sah ich darin etwa zehn schwärzliche Näpfchen, ebenso viele kleine Flacons und Leinwandlappen.

Auf einem glatten Fels im Schatten mußte ich mich hinlegen. Er salbte mir den Arm und massierte ihn ohne einen einzigen Blick auf seine Arbeit zu werfen. Auch mich schaute er nicht an.

Dann massierte und salbte er mein Fußgelenk.

Er nahm den Arm von neuem und war dann lange mit dem Schenkel beschäftigt. Hier bückte er sich noch tiefer und öffnete den Mund, um seinen Atem auf den Biß zu richten, den er zärtlich »Die Wunde« nannte.

Er streckte seinen Arm bis zu den Leisten hin aus und behauptete, daß ein Biß Reflexe auslösen könnte; falls die Krake die »edlen Organe« angegriffen hätte, würde er einen ganzen Tag damit zu tun haben. Seine Hände schienen in Ekstase zu geraten, sie wurden wie zwei schwarze Spinnen auf meinem Körper, fast toll.

Seine Schweißtropfen fielen auf mich herab.

Am Schluß der Behandlung rieb er mich mit einer perlenfarbigen Flüssigkeit ein, die nach Jasmin und Mimosa roch. Der ätzende Reiz verschwand. Ich war jedoch wie benommen. Ich sah ihn kommen und gehen, seine Flacons unterbringen, zu mir zurückkehren, sich setzen und mich mit festem Blick ansehen. In der Abenddämmerung glich er einem Fisch.

Er sagte: »Schließen Sie die Augen«,

strich mir noch einmal mit seinen schwarzen Händen über die Stirn und Brust. Mir schien, er hatte Rauschgift genommen ... Aber dann, nein, nein, es war nicht mehr der Fisch in der Abenddämmerung, sondern Xenia, die mich von weitem gesehen und sich zu mir gesellt hatte und mir eine Riesenweintraube brachte. Eine Traube? Ich war überrascht, eine ganze, nicht zerquetschte, nicht wissenschaftlich behandelte Frucht zu sehen, der noch etwas beigemischt war.

»Essen Sie«, sagte sie, »es ist die Traube Numa Pompilius. Ich führe Sie in den Weinberg.«

Wir gingen an der frischen Quelle vorbei; danach begaben wir uns zum Mittagessen. Beim Essen durfte nicht gesprochen werden, schweigend mußte man trinken, manchmal in ganz kleinen Schlucken.

Von fern hörte ich Laute, ein wenig schaurig, und das Murmeln der Mönche: »Ich bin der Nachtengel; ich bin der schwarze Engel . . .«

Als Xenia den Tisch verließ, schlug sie mir noch für den gleichen Abend einen Konzertbesuch vor.

Es würde im Knochenhaus stattfinden.

Ich sagte zu.

Nachmittags hatte ich nur zu schlafen. »Das ist die Kur, ist nun mal so«, sagte Talo zu mir, als er mich zur Zelle begleitete.

An die Kirchenmauer gestützt, wartete sie auf mich, schien eins zu werden mit dem gezähmten Stein, der wieder wild zu werden drohte. Sie führte mich durch dichtes Laubwerk, das den Himmel verdüsterte.

»Treten Sie ein«, sagte sie.

Das Knochenhaus war ein viereckiger, nicht sehr großer Raum.

Das Gewölbe fehlte.

Dreieinhalb Mauern schlossen den Raum ein,

in dem Gräser und bereits verkümmerte Sträucher gewachsen waren. Ein Orchester konnte ich mir da nicht vorstellen, auch nicht irgendeine Akustik. Reste von Arabesken waren an den oberen Mauern zu sehen; aber sie waren verfallen, rissig, und fast überall war die dicke Mörtelschicht abgebröckelt. Dort nun hatte man an einem vergoldeten Draht zahlreiche Knochen aufgehängt, über die – verspätet – kleine grüne und schwarze Eidechsen krochen. Von der vierten Mauer war weniger als die Hälfte übriggeblieben. Xenia gebot mir mit einer Geste Schweigen.

Sie wies mir einen Stein zu, auf den ich mich setzen sollte.

Ich wollte etwas sagen, sie wurde streng.

»Ruhe«, sagte sie, »es beginnt.«

Ich hörte keinen einzigen Laut. Aber in mir nahm ich Stimmungen wahr, ein langsames Kribbeln in den Armen, den Beinen, den Schultern, überall. – Ich hatte Lust, mich auszustrecken.

Xenia legte sich neben mich hin.

Mein Körper lauschte, ehe mein Ohr etwas hörte.

Allmählich gelangten kurze Töne, eine Art von Gebimmel, Geräusche von Glöcklein an meine entzückten Ohren. Dann die Musik einer sehr fernen Glasharmonika; eines Cembalos, auch Schlagzeug, gutturale, dissonante Klänge. Ich gewöhnte mich an das verebbende Licht, an den fahlen Widerschein, der vom Meer her zu kommen schien (wir lagen steil darüber).

Ich blickte starr auf die drei Wände und sah, jedenfalls glaubte ich es zu sehen, wie die Knochen sich leicht bewegten.

Ich nahm das Zittern all der iliakischen Knochen wahr und wie sie seltsame Formen von Kronen oder Fächern bildeten. Ich sah, wie die Schienbeine sich gleich den Tasten eines Klaviers anhoben und manchmal in Gruppen sich wieder senkten. Ich erblickte die sich um sich selbst drehenden Beckenknochen, andere Teile des Skeletts und des Schlüsselbeins – große Trochanter, Wirbel – in Sphären-Uhren-Bewegung, die manchmal brüsk stoppte.

Die Musik schwoll an, wurde deutlicher, erging sich in großen Akkorden.

Von einem Teil der Mauer, wo die Knochen durch Kriechpflanzen halb verdeckt waren, gingen ganz bestimmte Klänge aus.

Dann wurde die Musik heftiger, reicherte sich

plötzlich mit sanften Modulationen an, die unterbrochen waren von harten Dissonanzen in einem ungewöhnlichen, diffizil intonierten Rhythmus. Harte Vibrationen und aufdringliche Tamburinklänge versetzten mich in einen ekstatischen Zustand; Namen sehr alter Instrumente tauchten in meiner Erinnerung auf: Urcembalo, Leier, Dudelsack, Churliza, Sambuque, Tympanon...

Xenia näherte sich und flüsterte mir ins Ohr: »Hören Sie ›A l'ombra delli allori‹?« Nein, ich hörte nichts...

Und die Musik stimmte wollüstige, unheimliche Motive an.

Ich blickte Xenia an.

In diesem Augenblick sprach ganz nah eine Stimme ihren Namen aus. Sie stand sofort auf und sagte entzückt:

»Admata, kommen Sie!«

Oben auf der Mauer wurde eine hohe, feine Silhouette sichtbar.

Als Xenia ihr die Arme entgegenstreckte, sprang sie grazil herab. Das liebkosende Knistern ihrer wie Blütenblätter übereinandergelegten Unterröcke ging auf die welken, leicht knackenden Zweige über.

Schleppend, gedämpft erklang jetzt die Musik.

Ich nahm das Geräusch einer Rassel wahr und eines sich öffnenden und schließenden Scharniers.

Die Frau drückte den fast nackten Körper mit den runden, zarten Formen Xenias an sich; sie versank in dem Wust von leichten, reichen Gewebefalten. Admata trug einen hohen weichen Hut, der leicht geneigt und mit einem Schleier versehen war; silberner, durchsichtiger Tüll verdeckte ihr Gesicht, dessen blaßgraue, grauviolette Musterung zu der Halskrause, dem Schmuck, den feinen Spitzenrüschen paßte, die ihren langen schmiegsamen Hals umgaben.

Ich konnte die Zartheit ihrer Züge erkennen, die großen Augenhöhlen, die sehr kleine Nase, die inmitten der Büste in zarten Kaskaden auf das gewölbte Mieder herabfallende Halskrause, glänzend wie eine kleine Rüstung. Das sich ausweitende Kleid war voller kostbarer Spitzen, die bei jeder Bewegung knisterten.

Man konnte einen durchsichtigen, zart lilafarbenen Brokat sehen, der sich öffnete, um andere Rüschen erscheinen zu lassen, ein feines

Perlenmeer, sehr sorgsam aufgenähte Plissierfalten, in denen schwarze und azurfarbene Rosen je nach der Bewegung zu erkennen waren.

Dahinter wellte sich die weite Pracht der Schleppe, deren Falten aus lamiertem Feingold ein sowohl flüssiges wie metallisches Rauschen verursachten und mit herabwallenden Fransen aus Silber und Gold zusammenstießen. Als sie sich auf einen Stein setzte, sah ich die Spitzen ihrer lila Schuhe, die sie schnell zurückzog.

Xenia rief mich.

Admata reichte mir ihre mit einem eiskalten Handschuh überzogene Hand. Kaum hatte ich die schmale Hand ergriffen, schien es mir, daß Riesenringe sie gefangen nahmen, zu scharf geschliffene Edelsteine zwängten sie ein und taten dieser außergewöhnlichen Zerbrechlichkeit weh. Diese unter den andauernden Umarmungen gekränkte Hand hatte mich ein wenig von der Musik abgelenkt, die ihre langsame Melodie wiederaufgenommen hatte.

Schnell stürzte ich mich von neuem in den auferstandenen Tod und sein Entzücken.

In einem Nebel sah ich Xenia zu Füßen Admatas, die sie durch die kostbaren Kleider hindurch liebkoste. Ich hörte die beiden Frauen seufzen; hörte das Reiben, das Reiben der Gewebe als spürten sie die Kälte der hereinbrechenden Nacht. Noch einmal vernahm ich das Geräusch der Rassel. Dann plötzlich Stille. Aber Xenias Hand lag auf meiner Brust und ihr Atem weckte mich auf. »Kommen Sie«, sagte sie, »es ist zu Ende; ich werde Sie zur Zelle begleiten.«

Ich schlief sofort ein.

T alo weckte mich und wusch mich in meiner Zelle mit lauem Wasser, dem er Jasminparfüm beigemischt hatte. »Sie sind zu schläfrig heute morgen, Sie können sich noch ausruhen, wenn Sie wollen.«

Ich konnte nicht wieder einschlafen. Ich hörte Schritte, Flüche, ein ungewöhnliches Kommen und Gehen. Als ich hinaustrat, sah ich Mönche und Gäste sehr aufgeregt.

Das Marco-Polo-Spiel wurde zur Seite gelegt.

Nie zuvor gesehene Mönche – darunter einige Riesen – brachten große Pakete. Als ich an Capnosfrantes Pavillon vorbeiging, sah ich ihn zu meiner großen Überraschung vor seiner Tür mit den Katzen, die sich an seine nackten Schenkel schmiegten.

Andere Mönche schafften lange Tische herbei, wieder andere große Körbe, aus denen Schleier hervorquollen, Tarlatangewänder und Masken, aus Weidengeflecht, Federn, Muscheln und Ringen gefertigt.

Ein Mann mit brauner Haut, kein Mönch, lief

hin und her; ich hatte ihn am Abend meiner Ankunft im Helldunkel der Treppe gesehen; er wurde »Der Krieger« genannt.

Er sagte: »Ich will versuchen, den Insekten das Morgengrauen zu stehlen.«

Melissa und Myrtho, die Zwillinge, die Blumen und Metallkäfer sammelten, probierten vor dem Spiegel an der Quelle Kostüme aus irisierenden Geweben an. Sie fragten sich: Fertigen wir das Kostüm so an wie wir selbst sind, oder ganz anders? Schließlich entschieden sie sich dafür, so weit wie möglich einander zu ähneln, so zu verfahren, als trügen beide das gleiche Kleid. Sie flochten ihre Haare ineinander und wandelten als richtige siamesische Zwillingsschwestern einher.

In diesem Augenblick blieb mein Blick oberhalb des Spiegelrahmens haften, wo ein leichter Wind die Blätter des wilden Weins angehoben hatte; da sah ich ein gemeißeltes Wappenschild, und zwar das gleiche, das ich auf dem vom Strom fortgetragenen Sessel gesehen hatte, dem ich mich nicht nähern konnte.

Dargestellt waren zwei auf einer Krone gekreuzte Dolche ...

Der sehr alte Herr, der seit 50 Jahren kam —
»was sind schon 50 Jahre«, pflegte er zu sagen —
trug einen ziemlich zerschlissenen Gehrock aus
dem 18. Jahrhundert, dessen Stickerei wunderbare tiefviolette Stiefmütterchen darstellte. Unter
dem Gehrock quollen gestreifte, ausgewaschene
Pyjama-Hosen hervor.

»Und Sie, junger Mann«, sagte er vertraulich
zu mir, »was werden Sie heute abend tragen? Sie
können mir es sagen, ich verrate Sie nicht.«

Ich war überrascht und fragte ihn, was denn der
Anlaß für dieses Fest sei, auf das die fiebrigen
Vorbereitungen hindeuteten.

Er schaute mich ungläubig an. »Junger Mann,
Sie sollten sich nicht über mich lustig machen.«
Dann mit forschendem Blick:

»Sie wissen es nicht? Das Fest des Königs.«

»Welchen Königs?«

»Junger Herr, machen Sie sich nicht auf diese
Weise lustig. Es ist das König-Fest, das wissen
Sie! Der König kommt, der König!«

Und er entfernte sich, im gleichen Ton weiter-
brummelnd.

Ich sah, wie er im Davongehen noch immer
mit den Achseln zuckte, wobei sich seine schöne

Jacke noch mehr zerfetzte . . . Da hörte ich Calpournio spotten.

Hinkend kam er zu mir heran und zog sein krummes Bein wie eine tote Wurzel hinter sich her.

Er kaute Zimt, dessen Geruch den widerlichen Gestank seiner Pomaden und Flacons sehr gut verdeckte. Er fragte mich, ob ich bereit sei, ihn zu bezahlen, wenn er mir das erstaunlichste aller Kostüme verschaffte. Ich willigte ein, wußte ich doch, was er damit meinte und wie ich mich in der Folge aus der Schlinge ziehen konnte.

Das Mittagessen ging sehr schnell vorüber: neue Tische mußten aufgestellt werden.

Sie wurden unter Blumengirlanden aneinandergereiht, mit Damastdeckchen geschmückt, denen schwarze und rosa Perlen eingenäht waren.

Ich versuchte, Fragen zu stellen. Kam der König zur Kur? Kam er allein oder in Gesellschaft? Würde er zu ebener Erde oder aus der Luft eintreffen? Die Antworten waren ausweichend, ja sehr widerspruchsvoll.

Ich wurde beauftragt, eine Girlande aus wilden Blumen zu binden, so wie man Kinder beschäftigt, die sich langweilen. Ich war sehr fleißig.

Meine Girlande war schön; sie wurde mir entrissen.

Ich vernahm den Pfiff Calpournios; ich folgte seinem Ruf. Er schleppte einen schwärzlichen Leinwandsack, der sehr schwer zu sein schien. Er sagte, wenn ich ein verführerisches Gewand tragen wollte, müßte ich sofort mit dem Ankleiden beginnen.

Ich willigte ein.

Er entkleidete mich rasch. Ich zitterte, als er aus einem Sack große lebende, vielfarbig schimmernde Kraken zog. »Aus den Tiefen«, sagte er und übertrieb ohne Zweifel. Mein Mißtrauen wuchs in dem gleichen Maße wie mein Widerwille; aber alles ging sehr schnell, schon hatte er meine Hüfte umwickelt und das lebende Gewimmel gezähmt. Nur die kleinen Enden der Fangarme bewegten sich noch. Der Kontakt war nicht kälter, nicht lastender als der von Seide.

Er, den Mund voller Stecknadeln, machte um meinen nackten Körper herum die Gesten einer geschickten Schneiderin oder Anprobedame eines großen Modehauses. Mit den Nadeln befestigte er an meinen Schultern und Armen die übrigen Kröten, die sich durch ihren Reichtum an

mineralischen Farben auszeichneten: Preußischblau, Orange, Kobaltlila.

Nach und nach gewöhnten sie sich an die Tem-
peratur meines Körpers. »Kommen Sie!« Damit
führte er mich zu dem Spiegel an der Quelle.

An dieser Stelle sah ich eine Meeresgottheit
von großer Schönheit, vielleicht auch ein Unge-
heuer.

Calpournio stieß einen Schrei aus und machte
sich davon. Er müsse sein eigenes Kostüm vorbe-
reiten, sagte er.

Der Abend schritt inzwischen mit langsamen
Bewegungen voran. Während ich auf seltsame
Begebenheiten wartete, sah ich Mönche in Kostü-
men vorbeigehen, die ohne Zweifel ihre tiefere
Natur offenbar werden ließen.

Manchmal erriet ich an ihrem Gang, an ihren
Verrenkungen, ob sie Liebhaber von Alkohol,
Kräutertee, Elixieren oder Liebesträken waren.

Einige brachten bereits aufgeschichtete Vorräte
herbei, die fast so hoch wie sie selbst waren, vielleicht Fruchteis in irisierenden Farbtönen, Gelee,
das harten Steinen, Agaven oder Quarz glich. Ich
berührte nichts. Ich wollte so wach und klar bleiben wie in diesem Augenblick, als Kreaturen mit

übergroßen Augen, die mit Pelz verbrämt waren, an mir vorübergingen. Einige hatten einsame Augen, dere lange, schwarze Wimpern in ständiger Bewegung waren. Andere wiederum trugen große Jacken aus Schuppen, Lianen mit farbiger Algenschleppe, durch die eine silberne Flüssigkeit floß – vielleicht Quecksilber. Dann gab es welche, die überhaupt keine Augen hatten; anstelle des Kopfes hatten sie Globen, die auftauchten und wieder verschwanden. Manche hatten ein Make-up aus farbigen, schwarzumrandeten Streifen, von denen einige vielfarbig metallisch mit roten Konturen schillerten, mit einem übergroßen Mund, riesigen Perücken, mit ein- und ausfliegenden Vögeln; Bärte, aus denen Ratten ihre kleine Schnauze herausstreckten. Andere kleine, mit flüssigem Gold bestrichene Tiere bewegten sich mehr oder weniger dem einfallenden Licht entsprechend. Einer der Mönche trug eine aus Blindschleichen geflochtene Haartracht.

Das war die Handschrift Calpournios, stellte ich in einem Anflug von Eifersucht fest.

Zwei Mönche ließen aus ihrem Mund grüne und rote Flammen entweichen; aus dem Körper anderer Mönche quoll blauer Rauch.

Ich versuchte die ganze Zeit, sie zu identifizieren.

Das war nicht leicht; als ich aber vier schwarz vermummte Gestalten sah, die ein großes, langes mit Federn und Goldglöckchen bedecktes Bett trugen, erkannte ich sofort die imposante lächerliche Gottheit, die sich mit Pfauenfedern Luft spendete. Zwei weiße Pfauen standen ihr zur Seite. Ihrem elenden Schwanz hatte man Straußenfedern und farbige Bänder angeheftet. Es war ein Riesending mit breiten Schultern; man konnte auf dem Rücken vier riesige weibliche Brüste erkennen, deren Volumen sich durch die Beleuchtung zu vergrößern schien. Sie waren hinter in Lamellen geschnittenem Goldbrokat und zahlreichen Halsketten aus Gold, Silber, Diamanten und Topasen verborgen. Der Gott trug eine Krone aus Blumen und Früchten, der Schmuckstücke beigegeben waren und die auf den echten, schwabbelnden Busen herabfielen, der bis zum Bauch herabhing. Darauf hatte man das Gesicht einer grinsenden Sonne gemalt, die wegen des dauernden Auf und Ab Grimassen schnitt. Der Transport auf dem Bett konnte dies nicht verhindern. Eols Gesicht war in hellen Tönen geschminkt wie das einer prächtigen Puppe mit schwarzen, zurückgebogenen Wimpern, samtenen Schönheitspflastern in Form eines Herzens.

Ein Mönch mit spitzer Nase, noch nicht kostümiert, näherte sich Eol und versuchte, einen um seine Taille herabhängenden Gewandfetzen zu erhaschen.

Die vier schwarz verhüllten Männer beschleunigten das Tempo.

Da begann Hilarion, der Mönch mit der frechen Miene, die Prozession zu beschimpfen. Er gebrauchte Wörter einer mir unbekannten Sprache, die auf »ac« und »oc« und »plic« und »cik« endeten. Manchmal mischte er italienische Brokken darunter. Ich hörte ihn zwei- oder dreimal »Figura porca« rufen, und in einem Pfeifton entwich das französische Wort »Dreck«.

Eol drehte sich leise lächelnd um; durch die Schminke und den Brokatwust hindurch näselte er:

»El arte de ser bonita . . .«

Indem er sich mit seinen Pfauenfedern Luft zufächelte, verschwand er hinter einem Blumenvorhang.

In diesem Augenblick sah ich aus einer Mauer

zwei lange, skelettartige Männer hervortreten, die bislang unsichtbar geblieben waren. Aus ihrem Körper entwichen dunkelblaue Blasen. Ihre mit Blumenblättern bestickten Gewänder waren mit glänzenden Steinen besetzt. Seiltänzer stützten sie mit ihren Füßen, so daß sie unterm Himmel, in den man ein Goldportal projiziert hatte, hin und her schwankten. Als die beiden Personen wieder feste Erde unter den Füßen hatten, sagten sie langsam:

»Ich bin der schwarze Engel; ich bin der Engel der Nacht.«

Dann breiteten sie durchsichtige Riesenflügel aus.

Sie hatten jedoch große Ähnlichkeit mit Henkersknechten.

P lötzlich erklang ein schriller Ton.
Sollte das die Erwartung schüren, den heißen Wunsch und die Ängste? Das Fieber und das
Getümmel nahmen zu. Ich hörte, wie man murmelte, flüsterte, schrie: »Der König, der König! Er
ist auf dem Hügel. Er kommt zu ebener Erde an.
Seht, wie seine Karosse glänzt. Leuchtender als
der glänzendste Stern!«

Ein riesiger, als Frau verkleideter Mönch
schrie: »Für dich habe ich mich in Liebestränen
gekleidet!«

Ein etwas kleinerer Mensch stieß ihn an und
rannte ihn fast um.

»Quatsch!« sagte er, »die herabsteigende Karosse hat Flügel!«

Ich sah genauer hin. Es gelang mir nicht, die
helle Karosse zu sehen. Unten herrschte inzwischen heilloses Wirrwarr.

»Er kommt, er kommt! Geht ihm mit dem
Thron entgegen! Schiebt das Portal nach vorn!«

Ich sah, wie der Thron durchs goldene Tor ge-
schoben wurde.

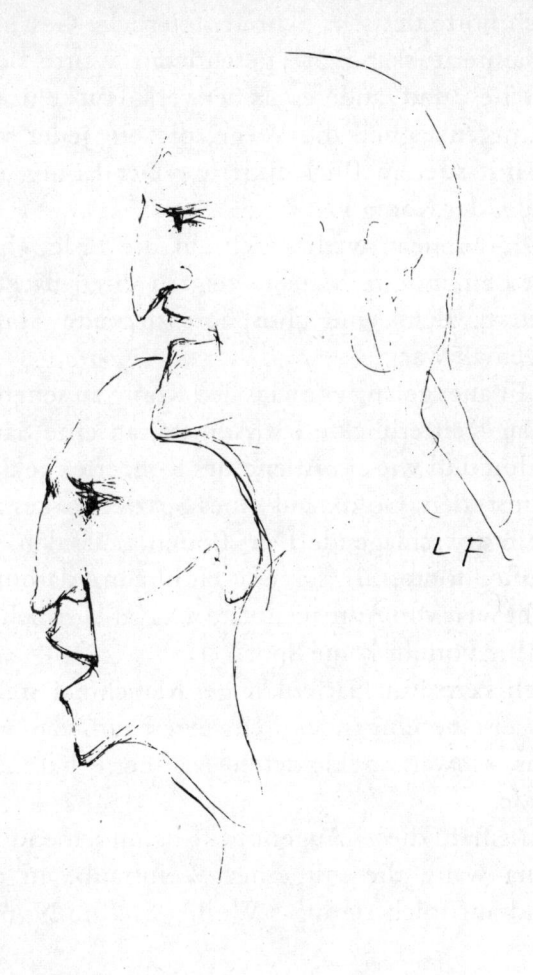

Ich hörte tierische Schreie, feierliche Gesänge, deklamierte, skandierte, geschriee Worte. Bengalisches und anderes Feuerwerk, Fackeln erleuchteten taghell die Wege, die ein jeder von uns mit stierem Blick fixierte. »Der König, der König, der König!«

Die Mönche warfen sich auf die Erde, einer über den andern. Manche zeigten ihren nackten Hintern, dem eine phosphoreszierende Sonne aufgemalt war.

Mir aber gelang es nicht, den König zu sehen.

Dagegen erblickte ich Admata, an eine Säule gelehnt und wie am Abend des Konzertes gekleidet, mit dem Goldknauf eines Spazierstockes auf die Erde schlagend. Der Boden, auf den sie klopfte, tönte, als sei ein Hohlraum darunter. Nicht weit von Admata hoffte ich Xenia zu sehen.

Aber von ihr keine Spur.

Ich vernahm Harfenklänge. Manchmal stellte sich ein beruhigendes Schweigen ein, das von sechs schwarz gekleideten Männern befohlen wurde.

In einem dieser Augenblicke nahm ich endlich Xenia wahr, die mit einer Weintraube in der Hand auf mich zuging. »Wollen Sie die Numa-

Pompilius-Traube?« Sie legte sie in der Nähe meines Gesichts nieder und verschwand.

Nur einmal konnte ich sie zurückhalten und ihr sagen:

»Xenia, wo ist der König?«

Ihr strahlendes Gesicht neigte sich zu meinem:

»Ist doch eigenartig, sehen Sie ihn nicht? Vor einer Minute war er hinter Ihnen. Er hat einen Augenblick mit Ihren prächtigen Fangarmen gespielt.«

Dann lief sie schnell davon.

Ich sah einen Mönch mit einer Vogelmaske und glaubte, Talo zu erkennen.

»Wo ist der König? Welches ist der König?«

Talo hob seine Vogelmaske kurz an; ich erkannte sein Parfüm, sein Lächeln.

»Er ist zu Ihrer Linken und unterhält sich mit . . .«

Aber die Menge der Masken trennte uns. Ich kehrte zu Admata zurück, die mich so schüchtern machte; aber ich hätte sie trotzdem danach fragen wollen. Ich hörte Schellen, den Lärm von Rasseln und Türangeln, als sie eine tiefe Hofverbeugung machte.

Er war also vorbeigegangen!

Ich war vor meiner Zelle angekommen, erschöpft; Calpournio entkleidete mich langsam mit seinen schwarzen Spinnenhänden. Ich hörte ihn sagen:

»Sie werden mich Lucio nennen, nicht wahr?«

Erschöpft und enttäuscht warf ich mich auf mein kleines Bett.

Als ich erwachte, schien es mir, als hätte ich zwei Tage lang geschlafen, obwohl ich nicht einmal den Schlaftrunk genommen hatte, der auf dem kleinen Tisch für mich bereitgestellt worden war.

An diesem Morgen war alles wie zuvor: wieder ging das farniente um ...

Ich wollte weg, spazierengehen, den Teil des Klosters sehen, der nur noch Ruine war. Ich liebe Vertiefungen, die Überraschungen, die man in ihnen erleben kann, die von Unkraut überwachsenen Mauern, das schwarze Schilf. Einige der Mauern schienen die Gefangenen von Kletterpflanzen zu sein.

Ich ging aufs Geratewohl los, fand auf dem

Weg einige noch brennende Kerzen, Stücke knisternden Holzes und im Laub fein geschmiedete goldene Lamellen.

Der Boden wurde plötzlich unwegsam. Die Brombeersträucher waren nicht entfernt worden. Sie bremsten meinen Gang, während ich diese langen weiten Korridore mit ihrer riesigen Decke durchwanderte. Die großen Risse in den Wänden waren verdeckt von den Blättern der wild wachsenden Pflanzen, die ein schönes hellgrünes Licht verbreiteten. Die Sonne drang durch Mauerspalten ein, wobei mir auffiel, daß die Steine nicht mehr graugrün waren wie die des Klosters. Nicht das Serpentina herrschte hier vor, sondern schwefelgelber Quarz, Erz wie rosa Fluorid. Indem ich mich von den Brombeerdornen freimachte, hatte ich mir zwischen zwei Mauern einen Weg gebahnt, auf dem ich an manchen Stellen weißen Marmor sah mit hellgrauen Venen; auch sah ich hier in den Wänden schwarze Flecken. Ich gelangte in einen Korridor ohne Decke. Er mündete in eine Art von Patio, ein viereckiger Hof mit Säulen; einige waren zerfallen und hatten sich dem Schutt zugesellt.

Das waren nicht mehr Reste des Klosters, sondern die Ruine einer prächtigen Villa, die ein Brand zerstört haben mußte.

Die schwarzen Stellen wurden breiter und häufiger. Das Feuer mußte überall gewütet haben. Sobald ich den Schutt beseitigt hatte, wurde ein aus eleganten Achtecken bestehender Steinfußboden in rosa und zartgelber Tönung sichtbar. Der Patio hatte eine Öffnung ins Grüne hinein; auf dem Steinfußboden lagen kleine, grüne, bitter schmekkende Früchte eines wilden Apfelbaumes.

Eine große Neugierde erfaßte mich; statt in den Apfelgarten zu gehen, überschritt ich die Schwelle eines zweiten Patio, der ins Innere führte.

Ich entdeckte eine fast vollständige Decke, deren gemalte Arabesken sich mit den Spuren des Feuers vermischten. Um die schwarzen Balken herum bedeckten andere heruntergefallene Balken den Boden. Trompe-l'oeil-Malereien hatten sich an den Wänden und den halben Säulen an der Wand erhalten; Spuren von barockem Dekor und von Goldbemalung waren in den Kapitellen zu erkennen. Dieser Saal stand in Verbindung mit einem anderen, in dem ich teilweise an den Wänden, teilweise auf dem Fußboden zerschlagene Reste der weißgrauen Marmorplatten fand.

Hier fand ich auch die Überreste eines großen Kamins; alles war verbrannt, schwarz, verrußt.

Vielleicht war das Feuer von hier ausgebrochen?

Diese Vermutung bestätigte sich nicht, denn als ich durch den Schutt, die Balken und Bretter ging, sah ich, daß man in einem anderen Saal Möbel, Bücher, Rahmen, Bilder aufgehäuft hatte, um sie dort zu verbrennen.

Auf einem verkohlten Rahmen, der noch Spuren von Vergoldung aufwies, sah ich die gekreuzten Schwerter mit der Krone darüber. Bei meinem Versuch, ihn hervorzuziehen, fiel er in Staub und Asche.

Eine Tür, die von hier in einen anderen Raum führte, war offensichtlich versperrt. Ich konnte nun ins Grüne blicken und wollte auf die andere Seite gehen.

Dort hatte der Wind in einen Mauerspalt neben dem Fenster Erde hineingetragen und auf wunderbare Weise war eine »Schönheit der Nacht« erblüht, deren Riesenstempel den geöffneten Kelch erzittern ließ.

Ich stellte fest, daß ich mich in der Zeit geirrt hatte. Es war früh am Morgen.

Ich stieg durch das Fenster, von dem was drinnen war angelockt, und sah durch die Risse einen Raum, von dessen Wänden der lindenfarbene Satin in Fetzen herabhing. Mir fiel eine runde Decke mit Girlandenresten auf, die von Frauenarmen und -händen gestützt wurden.

Ich befand mich in einem ehemaligen Garten; Glasscherben und Reste des oktogonalen gelbrosafarbenen Steinbelages knirschten unter meinen Füßen. Ich durchschritt eine alte Terrasse oder Loggia.

Ich bemerkte auch eine Art von Riesenkäfig, von dem nur einige verrostete Eisenstangen übriggeblieben waren. Allein schon dieses Gerüst zeugte von dem Glashaus, ebenso das unter meinen Füßen knirschende Glas, die Reste der Holzkästen und Scherben von Keramik und Porzellan. Auf einer Scherbe las ich: »Macilaria lepidota«, diese seltsame Blume; ich konnte erraten, was sonst noch an wunderbaren exotischen Pflanzen in diesem Schutt umgekommen war.

Ich ging weiter.

Jetzt spürte ich das weiche Gras, sah mich von Sträuchern und Bäumen umgeben. Was wie

kleine Bäume aussah waren Lorbeersträucher, deren tiefes Grün auf mich einwirkte. Ich stieß mit dem Fuß gegen einen harten Gegenstand. Ich hob ihn auf und begann, ihn von einer Erdschicht zu befreien und entdeckte schließlich einen weißen Steinrest. Mit Gras und Spucke reinigte ich ihn.

In meinen Händen hielt ich eine Hand: sie stammte von einer Frauenstatue. Ich sah das feine runde Gelenk, die Finger. Was für Finger – oh Wunder! – sie endeten in richtigen gemeißelten Blättern: eben in Lorbeerblättern.

Da konnte ich nicht anders; im Schweigen des sich neigenden Tages, mit lauter Stimme, rief ich aus:

»Daphne, es ist meine Lieblingsnymphe Daphne!«

Diese Entdeckung entzückte mich und ich machete mich auf die Suche nach weiteren Stücken der zerstörten Statue, um sie am nächsten Tag mit Geduld zusammensetzen zu können. Ich drang tiefer in den Lorbeer ein . . .

Daphne! Ob ihr Mund wohl leicht geöffnet war, die Augen vor Schreck übergroß?

Oder lächelte die Wollüstige wegen der Wohltat, endlich Pflanze geworden zu sein?

Ich war im Grün versunken.

Die Pflanzen waren ineinander verschlungen; um weitergehen zu können, mußte ich einige abschneiden oder ausreißen.

Da drang ein furchtbar schriller, herzzerreißender Schrei an mein Ohr.

Er kam aus der Ruine.

Ich ließ die Hand der Statue fallen. Während ich auf die Stelle zulief, von der, wie mir schien, der Schrei gekommen war, zog ich mir Rißwunden an den Zweigen und dem Holz der Bäume zu.

Und immer noch vernahm ich den schrecklichen Schrei.

Ich kam an den Ort, wo einst die Türen gewesen sein mußten; ich fand sie versperrt mit Brettern, Schutt und heruntergefallenen Decken, die andere Mauern, andere Decken überlagerten.

Ich entdeckte ein Fenster, durch das ich eindringen konnte.

Der Schrei war unerträglich gräßlich.

Ich stieß auf eine verrammelte Tür, drang durch ein weiteres Fenster vor. Auch hier, eingeschlossen, hörte ich den Schrei.

Ich stieg durch das gleiche Fenster wieder aus. Ich fiel hin, stand wieder auf.

Durch eine ziemlich breite Mauerspalte gelangte ich in einen zerstörten Raum. Hier war die Tür nur durch eine kleine Mauer versperrt, die nicht zu Ende gebaut worden war. So entdeckte ich andere Ruinen, zerbrochenen Marmor und eine Suite von Zimmern, Korridoren, Sälen, die ich durchschreiten konnte und die alle auf der gleichen Seite eingefallen waren, als ob ein Riesenarm gewütet hätte, mit dem Wunsch, alles, was sich ähnlich war, zu zerstören.

Der Schrei ließ an Stärke und Länge nach, wurde unterbrochen von anderen heftigen Geräuschen, die ich nicht identifizieren konnte. Es war, als würfe jemand sehr große Steine auf einen harten Boden, unter dem es hohl war. Ja, auf harten unterhöhlten Boden in einem kleinen Saal ohne Steinbelag.

Dieser Saal ging – das erkannte ich sofort, denn ich weiß wie diese Bauten früher angelegt waren – in ein unterirdisches Gewölbe über, vielleicht ebenso lang, genauso dekoriert und geheimnisvoll.

Aber der Schrei, die anhaltenden Geräusche, hinderten mich daran, stehenzubleiben und mich umzuschauen.

Durch die Spalten drang flackerndes, goldenes Licht. Nein, es war nicht der Widerschein, nicht das Licht der Sonne, da sie den Ort, an dem ich mich befand, nicht mehr erreichen konnte.

Ich lief immer weiter, das goldene Licht zeigte mir den Weg.

Ich durchquerte bogenförmige Türen und ging an dem großen Ziffernblatt einer herabgefallenen Uhr vorbei, die genau die Uhrzeit anzeigte, die ich in mir selbst spürte: acht Uhr abends . . .

Endlich näherte ich mich der Lichtquelle; aber die Schreie hatten aufgehört. Noch rollten Steine. Sie wurden scheinbar seltener geworfen und fielen weniger oft herab. Wer aber hatte diese helle Lampe angezündet? Von woher kamen die Schreie?

Vielleicht waren es Streitigkeiten von Leuten, die hier, in diesem verlassenen Palast, zu dieser Stunde arbeiteten.

Was konnte man hier finden?

Vielleicht wollte jemand die Reste des schönen, kostbaren Marmors stehlen? Bauern aus dem Nachbardorf begehrten sie – wer weiß? –

vielleicht um das Grab eines lieben Verstorbenen zu bauen, oder es war etwas anderes, was sie schuldig werden ließ.

Wegen der sich ineinander schiebenden Ruinen konnte ich plötzlich das Licht nicht mehr sehen; aber genau zu diesem Zeitpunkt hörte ich, dessen bin ich sicher, sich schnell entfernende Schritte. Ich drang weiter vor, wodurch kleinere Mauern noch mehr einfielen.

Ich überstieg andere Hindernisse und sah endlich wieder das Licht.

Wieder vernahm ich Schritte.

Da stand ich plötzlich vor einer langen in Feuerschein gehüllten Silhouette und stürzte.

Vor mir, weit oben, sah ich einen Gehenkten, dessen Arme hinten an einem schwebenden Balken befestigt waren. Das Licht ging von seiner goldenen Rüstung aus, eine Art Panzer oder Metallhemd aus feingeschmiedeten Lamellen. Seine Beine waren mit einem aus Silber und Gold glänzenden Beinkleid bedeckt. Auf seinem Kopf befand sich – war sie ihm wieder aufgesetzt worden? – eine kleine mit Diamanten und Perlen besetzte Goldkrone. Er hatte ein saturnisches Dreiecksgesicht. In den gelben, weit geöffneten Augen schien noch feuriger Haß zu glimmen.

Er war tot.

Schatten nahmen den ganzen Raum ein, dessen Fenster mit Brettern vernagelt waren. Aber das Gold, sein Gold, glänzte durchdringend.

Meine Erregung war so heftig, daß ich fast außer mir geriet.

Meine Füße berührten einen großen exotischen Federmantel, wie ich ihn noch nie gesehen hatte: gefleckte, goldigschimmernde, tigerhafte, äußerst helle Federn.

Das Geräusch hastiger Schritte brachte mich plötzlich in die Wirklichkeit zurück. Ich ging diesen Schritten nach, drang tief in andere Räume ein, die, wie mir schien, parallel zu denen verliefen, in welchen ich mich befand.

Aber da war niemand mehr.

Da nahm jemand, seitlich von mir, seinen schnellen Gang wieder auf. Schließlich rannte jemand ganz in meiner Nähe.

Auch ich begann zu laufen.

Ich fühlte mich dem Wesen schon ganz nahe.

Ich entfernte die Bretter, die mir den Weg ver-

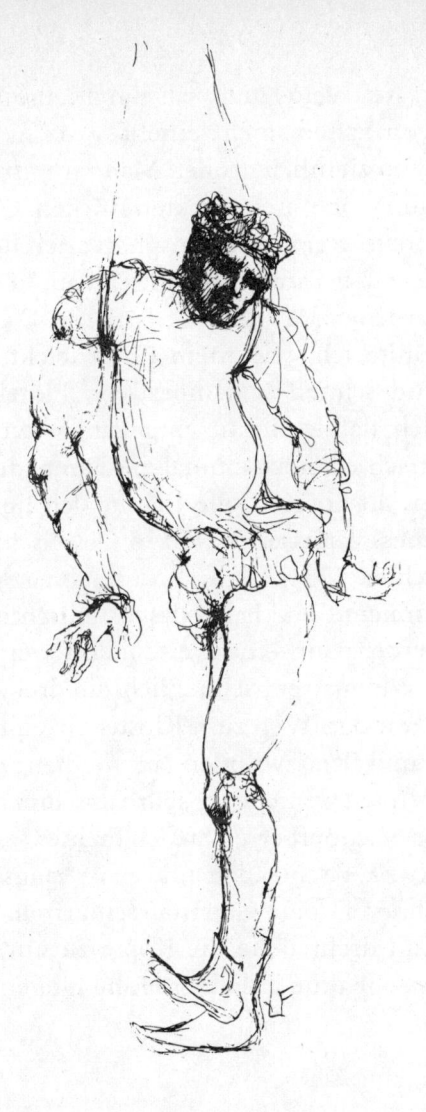

sperrten, lief weiter und sah durch eine Mauerspalte, von kaltem Licht erhellt, ganz in meiner Nähe einen ziemlich großen Mann mit muskulösem, braungebrannten, nackten Rücken. Um Hals und Hüfte trug er große phosphoreszierende Kraken in erzenen Farben; preußischblau, kobaltlila, orangefarben ...

Da fühlte ich, wie mein Gang leicht wurde, leicht und schnell wie nie zuvor. Plötzlich erkannte ich, daß ich in die entgegengesetzte Richtung lief. Ich sah noch einmal die Türen, die Mauerspalten, die Ruinen, die Bäume. Ich lief durch ein braches, verlassenes Feld in Gesellschaft aufgescheuchter Vögel.

Ich erreichte ein Feld, das offensichtlich bestellt wurde, dann ein zweites. Von weitem sah ich den Weingarten, schließlich die drei Zypressen, die mir den Weg zum Kloster anzeigten. Die Brand- und Kratzwunden an meinen Händen und Füßen wurden wieder spürbar, schmerzten.

Völlig erschöpft erreichte ich meine Gastgeber, die noch zu Tisch saßen und ganz langsam mit Strohhalmen farbige Getränke schlürften.

Erstaunt drehten sie die Köpfe zu mir, wobei sie die Strohhalme in halber Höhe hielten.

Als erste erhob sich Xenia und kam mir entgegen.

Ich hörte mich mit fester Stimme sagen, daß ich mich entschuldigen müsse, denn mir sei eingefallen, daß ich ein Rendezvous von großer Wichtigkeit hätte, und zwar in zwei Tagen ...

Talo kam zu mir und sagte:

»Es ist sehr schade, daß Sie die Kur unterbrechen!«

Xenia faßte mich bei der Hüfte und ich spürte durch mein Hemd hindurch ihre kalten Hände. Sie nahm einige Blätter aus meinen Haaren und ein ziseliertes Goldblättchen, das sie mir überreichte.

Ihren Gesichtsausdruck ändernd, sagte sie:

»Sie können nicht abreisen! Es gibt, und das wissen Sie, nur einmal in der Woche ein Boot, das die Verbindung zum Schiff herstellt. Sie müssen mindestens noch fünf Tage bleiben.«

»Nein, Xenia, nein, das ist völlig unmöglich!«

»In diesem Fall«, sagte sie, »riskieren Sie eine lange, beschwerliche Reise und die Dunkelheit kann Ihnen, wie Sie wissen, zum Verhängnis werden. Kein Mensch wird Sie zu dieser Stunde begleiten wollen. Ein Boot steht Ihnen zu Verfü-

gung, aber mit Rudern. Können Sie denn überhaupt rudern? Nach zwei Stunden lassen Sie das
Boot in Rogo, morgen holt es jemand ab. Von
Rogo aus müssen Sie über eine Stunde bis Eremos
zu Fuß gehen. Ihr Koffer, den Sie mit Kieselstei-
nen und Büchern gefüllt haben, ist schwer. In
Eremos gibt es einen kleinen Flughafen; gegen
hohe Bezahlung kann ein kleines altertümliches
Flugzeug – sie lachte – Sie nach Griechenland
oder Italien bringen.«

Sie wandte sich an ein Kind, das ich nie gesehen hatte. Kurz darauf sah ich den Mann, den man
»Krieger« nannte und das Kind auf mich zukom-
men; sie trugen ein langes schwarzes Boot.

Sie trugen es die Treppe hinab. Talo brachte
mir meinen Koffer, gab mir schnell meine Börse
zurück, aus der ich ihn gebeten hatte, herauszu-
nehmen, was ich ihm schuldete. Er bot mir ein
Glas mit roter Flüssigkeit an. Ich tat so, als würde
ich es trinken, schüttete es aber über den Fußboden.

Er wünschte mir »Lebewohl« und entfernte sich
ohne ein Lächeln.

Da schien der Opal verschleiert. Der Krieger

und das Kind stießen das Boot ins Wasser. Man reichte mir die Ruder. Xenia legte ihre eiskalte Hand auf meine Hüfte, auf meine nackte Haut, ohne ein Wort zu sagen.

Ich sprang ins Boot, das durch mein Gewicht und den Koffer ins Schaukeln geriet.

Ich machte einige angelernte Abschiedsgesten, fühlte mich aber völlig abwesend.

Ich befestigte die Ruder. Ohne mich umzudrehen, begann ich zu rudern. Ein starker Widerschein im Wasser ließ mich den Kopf wenden. Ich wollte Xenia, das Kind, den Krieger, alle die ich an der Treppe zurückgelassen hatte, noch einmal grüßen.

Aber ich war schon zu weit weg und sah niemand mehr.

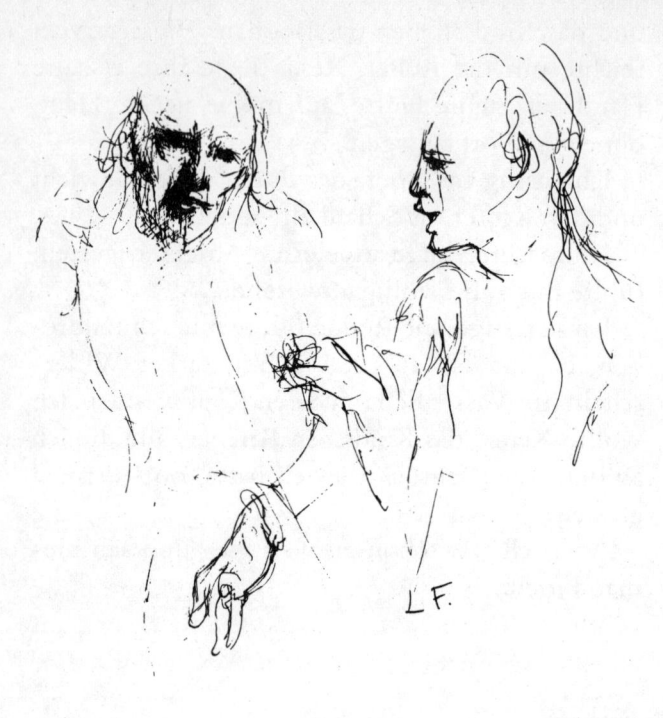

Selbstporträt

Ich verabscheue Flugzeuge. Man nennt das Aerophobie. Ein Wissenschaftler hat mir erklärt, woher meine Angst vor den Flugzeugen kommt. Die Schwingungen, die ich im Bauch meiner Mutter spürte, haben mir zu schaffen gemacht, besonders wenn ihre Stimme sich hinzugesellte, die, wenn sie meinen Vater beschimpfte, schrill wurde. Diesen Vater habe ich nie gesehen, ich stelle ihn mir vor wie die Dämonen auf assyrischen Flachreliefs: schrecklich, unerbittlich und sehr falsch – alles auf einmal.

Die Schule wurde mir sehr schnell zuwider. Ich sagte, ich sei ein »Ersatz-Kind«; der Irrtum eines Kindermädchens, das einen Mischling (mich) aus einer Wiege nahm in dem nahe der Avenida de Mayo gelegenen Park in Buenos Aires. Ich erzählte auch, daß bis zu meinem fünften Jahr (ein Jahr vor Schulbeginn) meine Pupillen sich zusammenzuziehen pflegten – sie wurden manchmal lang und schmal wie die einer Katze. Die Kinder himmelten mich an, aber im Grunde ging ich nicht gern in die Schule. Ich spielte lieber zu

Hause, allein oder mit einer slowenischen Gouvernante, die eine Stülpnase hatte, und zwar so ausgeprägt, daß ich sie bat, sich hinzulegen, um so besser in ihre langen Nasenlöcher schauen zu können, diese Grotten voller Schätze. Meine eigenen Nasenflügel weiteten sich beim Gedanken an dieses Fräulein, das ich Api nannte und das ein sehr eigenes, entsetzliches Italienisch sprach, das ich mir aneignete, manchmal mit ihrem Akzent. Die Puppen waren für mich Schauspielerinnen und keine »Babys«. Ich bekleidete sie mit wunderbaren Stoffresten aus Kleidern meiner Mutter oder Großmutter: Crêpe de Chine, golddurchwirkte Fetzen, Samt, Lappen, Makramee, Puffärmel ... Von diesen Puppen gibt es ein Bild, das ich vor einigen Jahren malte; es heißt: »Rasch, rasch, rasch, meine Puppen warten« (das sagte ich zu dem Fräulein, das nach Api zu uns kam). Aber in meinem Bild sind sie zu Frauen geworden. Das Mädchen, das schnell folgen will, bin ich. Das Bild wurde mir gestohlen. So etwas stößt Künstlern eben zu.

Mit zwölf, dreizehn Jahren war ich in Tote verliebt. Ich ging in Triest in einem Hospital ins Leichenhaus, das zwei Räume hatte. Ein Paradesaal als Ausstellungsraum: sehr prächtige, elegante, mit Blumen geschmückte Tote. Sehr viele Babys, die alle rote blutige Nasenflügel hatten, nicht die Erwachsenen. Es gab auch ein »Speicher«-Leichenhaus, in dem man die Unfalltoten lagerte – es war fürs Publikum gesperrt, aber der Wärter, der mich sehr gern hatte, ließ mich ein. Der erste nackte Mensch, den ich sah, war sehr schön, groß, mager. Wie bei den anderen, war an seinem rechten Knöchel ein Etikett angebracht, das eine Nummer und seinen Namen trug: »Mario La Vita«. Ich, das junge Mädchen, brachte es nicht mehr fertig, die Toten anzusehen. Ich bewunderte die Perfektion der Skelette und die Tatsache, daß sie jenen Teil des Körpers darstellen, der am wenigsten dem Verfall preisgegeben ist.

Ich habe immer Bilder geliebt, alle Bilder. Die verwaschenen Fotografien des Jahrhunderts, auf denen die Fliegen Spuren hinterließen, zogen mich an – und auch die Farbsteindrucke, die alten Reklamebilder. In dem gleichen Maße liebte ich seit meiner Kindheit Pisanello, Pietro della Francesca, Paolo Ucello, Cosimo Tura, Pontormo. Die unterschiedliche Bewertung, die ich in der Folge lernte, war ohne Bedeutung. Alle Bilder sind für uns im richtigen Moment Nahrung (der beste Beweis ist das Kino).

Dies ist das Schauspiel, das ich wiedersehen möchte: »Licht überflutet uns, so klar und blendend, daß ich nicht verstehen konnte, woher es kam. Vor dem Vorhang erschien wie durch Zauberkraft eine nackte Frau, deren Haut mit winzigen Spiegelsplittern bedeckt war; auf der Schulter eine leuchtende Axt. Die Schnelligkeit der Erscheinung verbietet mir eine weitere Beschreibung. Ein hinter mir sitzendes kleines Mädchen sagte deutlich: ›Kaiserin!‹ Das Licht wurde noch stärker, die Zuschauer legten ihre Hand auf die Augen; sie lachten, so daß sie fast erstickten, und zwar in einer Weise, daß ich nicht mehr wußte, ob dies ein Teil der Komödie war. Meine beiden Nachbarn waren indes wie versteinert, und das kleine Mädchen hinter mir hatte sich in einem Sessel aufgerichtet. Es folgte eine Szene mit schwarz gekleideten Personen. Sie machten heimlich Bewegungen und trugen bald große Pakete, bald schwere Lasten, die sie mit großem Krach fallen ließen. Das Licht verdunkelte sich, und die gleichen Menschen kamen stolz und aufrecht zurück, indes sie blitzende Krummsäbel schwangen. Dann verschwand alles, die Bühne färbte sich hellrosa. In der Mitte erschien eine üppige Frau, die eine alte rosafarbene Strumpfhose trug. Ein Kranz aus rosa Rosen schmückte ihr blondes Haar, das sich, am Körper entlang, um die Hüfte rankte und bis zu den Füßen reichte. Plötzlich sprang die Frau auf und lächelte nicht mehr. Ihr schien unwohl zu sein, sie befühlte ihre Brüste, ihren Bauch, ja sie schien aufzuquellen. Sie ließ sich auf ihrem Diwan nieder, der aus einer Unzahl kleiner Rosen bestand. Der Zustand der Frau schien sich bis zur Epilepsie zu verschlimmern. Sie wälzte sich herum, krümmte sich. Schließlich fiel sie vom Diwan, bäumte sich in hohem Bogen auf, und aus den Kulissen konnte man das Pfeifen einer Sirene vernehmen. Eine schwarze Riesin, über und über wie ein Lampenschirm mit weißen Perlen bedeckt, betrat die Bühne. Sie trug weiße, silberne Flügel, die ebenfalls aus Perlen gemacht waren, und aus denen eine perlmuttartige, leuchtende Flüssigkeit floß. Die schwarze Riesin stürzte sich auf die Rosenfrau und beschimpfte sie in aller Ruhe. Ich verstand die Schimpfwörter, die sie französisch aussprach und wie eine Litanei betonte. Plötzlich, ich

weiß nicht, mit welchen Bühnentricks das ge-
schah, sah man, wie zwischen den gespreizten
Beinen der Rosenfrau weiße Hühner herauska-
men, die die ganze Bühne einnahmen. Als ich genauer hinsah, fiel mir auf, daß es große, nicht sehr
weiße Hennen waren. Aber der schwarzen Riesin
schienen sie zu gefallen, und sie sprach mit An-
mut und Mitgefühl. Da hörte ich plötzlich Trom-
petenlaute, und ein Kind mit einer Gießkanne lief
hinter den Hühnern her, die gackernd davonflat-
terten.

Die beiden Frauen sammelten das Geflügel
dankbar ein und warfen es ehrfurchtsvoll unter
das Publikum. Die Leute schienen zufrieden, und
einige fingen die Hennen geschickt ein und versteckten sie in Taschen, während andere sie in
einen großen Weidenkorb schmissen, den eine
bucklige Türöffnerin von rechts nach links
schleifte. Ein im Trompe-l'oeil-Stil mit grauen
Wolken bemalter Vorhang senkte sich und hob
sich schnell wieder. Plötzlich schob eine durchsichtige Scheibe die Bühne weg und ich sah, wie
die ganze Gesellschaft sich stieß und schubste.
Schließlich nahm jeder wieder seinen Platz ein
und saß wie für ein Familienfoto stocksteif da. Ein

dünner Rauch, erst weiß, dann gelb, stieg allmählich auf, dann züngelten kleine blaue und orangefarbene schnelle Flammen auf, die alles mit rotem Schein erfüllten. Die Personen bewegten sich nicht mehr. Flammen flackerten um sie herum, bis sie vom Feuer völlig eingeschlossen waren und in ihrer Unbeweglichkeit zusammenschrumpften; sie glichen jenen verkrüppelten Bäumen, die uns ausrufen lassen: ›Schau, schau, man könnte meinen, es sind Menschen!‹

Kein Schrei, kein Seufzer, keine Musik, nur ein gewaltiges Knistern und Knacken. Dann vereinigten sich die Flammen zu einem alles beherrschenden Strahl. Man sah nur noch diese große tanzende rote Form. Der Vorhang ging herunter. Niemand spendete Beifall. Niemand trat an die Rampe. Die Menge stob auseinander. Draußen war alles schwarz trotz der Frische des Morgens.«

Ich liebe die Gedichte De Chiricos mehr als seine peinture. Ich liebe das Gedächtnis (mémoire), liebe aber nicht die Memoiren. Berühmte Leute beeindrucken mich sehr wenig, doch mit einigen von ihnen habe ich mich so lebhaft unterhalten, daß ich erstaunt war. Lange Zeit hatte ich zu niemandem eine engere Verbindung, ich zog es vor, zu beobachten. Später fühlte ich mich liiert, aber auf sehr, sehr enge Art. Ich bin es immer noch, mit seltenen toten Freunden, seltenen lebenden Freunden. Das ist ein Schatz - der einzig wichtige.

Ich hätte ein Vermögen in einer Klosteranlage oder in einem morschen Fauteuil finden wollen. Nein, nein, ich mußte mein Geld selbst verdienen, als ich siebzehn Jahre alt war. Ich gebe es so schnell aus, wie ich es verdiene.

Ich liebe Katzen über alles – diese berückenden, mutigen, prächtigen und ungemein beispielhaften Kreaturen. Es gibt Tage, an denen mein Gemüt sich verdüstert. Ich strecke mich aus, und meine Füße ragen aus dem Bett heraus. Dann kommen die Katzen, eine nach der anderen, manchmal zwei oder drei auf einmal, auf die Füße, den Bauch, die Schultern. Ich kenne die Form einer jeden, wenn ich sie berühre. Ich höre ihre sanfte Musik. Dann sehe ich am Indigo-Gewölbe meiner geschlossenen Augen einen Himmel des Filmpioniers Méliès (ich liebe das Wort Firmament). Zwischen den Sternen, einige nah, andere fern, erscheint die Mondsichel. Aber in dem Maße, in dem ich voranschreite, sehe ich, daß es vielmehr ein lächelnder Mund ist, der den meinen sucht: Es ist das Glück.

»Altro di me non vi saprei narrare« (etwas andres könnt' ich euch über mich nicht erzählen), wie der Sopran in La Bohème singt. Ich aber habe eine Alt-Stimme. Leute, die mich nicht kennen, sagen am Telefon manchmal »Monsieur« zu mir. Ich verbessere sie nicht, und oft antworte ich: »Sie ist nicht zu Hause.«

Pseudonyme

Wie alle Kinder zeichnete ich, als ich noch sehr klein war . . . in Triest. Mit neun bis zehn Jahren geben die meisten Kinder das Zeichnen auf: aufmerksam geworden auf alles, was sie sehen, fühlen sie sich ihrer selbst nicht mehr sicher – auch ich gab auf alles acht, aber die Lust zu zeichnen verließ mich nicht.

Was heißt Talent? Ein Schock, den man gegenüber der Realität empfindet? Ein Protest? Ein Sich-Nichtanpassen, und Sinnlichkeit obendrein? Oder vielleicht ein organischer Sonderfall, den ich nicht zu erklären weiß?

Dort, in Triest, zog ich es mit dreizehn, vierzehn, fünfzehn Jahren vor, zu malen statt zu studieren: mit Eierschalen verkrustete Schmierereien, geknetetes Brot, kleine Perlen, Reiskörner, Sägemehl, Zucker – alles, was mir unter die Finger kam (ohne daß mir der Gedanke gekommen wäre, daß ich in der »art brut« oder der »Modernen Kunst« segelte). Oder aber ich zeichnete mit harten Stiften sehr scharfe Umrisse, Portraits von häßlichen oder ausgesprochen schönen Gesichtern. Ich versuchte, diese auf Leinwand oder Karten gemachten Zeichnungen farbig auszumalen.

Bald darauf sah ich in Mailand die klassische Malerei Funus im Atelier, die ich mit den Fresken Luinis in der Villa Palucca in Brera verglich und die mich ungemein entzückten.

Dann kam Paris, wo ich großformatig in Öl malte – ungefähre Formen – oder Gouachen auf knittrigem Papier, dem ich Flecken hinzufügte oder Reispuder und Pflanzensamen. Von diesen »Experimenten« habe ich viele zerrissen, aber es kommt heute noch vor, daß diese »Versuche« anderswo auftauchen, verunstaltet oder ohne stoffliche Reste – aber sie sind auf Karton oder Leinwand geklebt und signiert . . . nicht von mir, denn das Signieren meiner Bilder gewöhnte ich mir erst viel später an.

Ich habe diese Versuche fallengelassen, denn ich entdeckte mit großem Vergnügen die mit Öl präparierten feinen Leinwände, auf die ich andere Schichtungen auftrug, die ich dann mit dem Rasiermesser oder mit Schmirgelpapier bearbeitete.

Ich malte Personen – sehr lange in sich verschlungene Fratzen, die ich »Initialen« nannte –, sie hatten ganz bestimmte präzise Formen, und diese Manier hatte eine gewisse Verwandtschaft mit der peinture gewisser Surrealisten, die mich, als ich noch sehr jung war, zu zwei ihrer größten Ausstellungen einluden. Aber die »Mitgliedschaft« war mir immer lästig, und ich erkannte eher, was mich von den Surrealisten unterschied, als das, was mich mit ihnen verband. Sie aber waren bestrebt, »fromme Anhänger« zu gewinnen. Natürlich haben die Surrealisten Türen geöffnet und eingeschlagen – in meiner Jugend habe ich die gleichen und andere Türen zerschlagen. Sie liebten es, »Prozesse« zu machen, auszuschließen, zu verurteilen, Listen von Büchern aufzustellen, die nicht gelesen werden durften: diese Art von Tribunalen, zu denen Giacometti bestellt wurde, weil er angefangen hatte, Köpfe zu machen. (Der drohende Breton hatte gesagt: »Ein Kopf? Jeder weiß, was das ist!«) Die Ideologien sind mir immer als Annäherungen, Reduzierungen, Vereinfachungen erschienen.

Ich bin immer gern allein gegangen; selbst dann, wenn manche Maler mich interessierten oder anzogen, habe ich fast nie mit anderen ausgestellt.

Nach den »Initialen« begann ich, tierische und

89

pflanzliche Formen zu malen – manchmal menschliche an der Grenze zur Metamorphose –, indem ich jenes Fluidum anstrebte, bei dem die Machart nur schwer zu erkennen ist. Später bin ich zu menschlicheren Wesen übergegangen, die übrigen existenten Formen ließ ich beiseite.

Und dann kam die Periode, die von den anderen die »mineralische« genannt wird: Ich versuchte, die geordnete Materie zu bewegen, umzustoßen, herauszufordern. War das ein vom Tachismus diktierter Versuch? Ich glaube nicht, denn das hatte ich schon durchgemacht, als ich auf dem Boden ausgebreitete, mit flüssiger Farbe bedeckte Papiere oder Leinwände mit den Füßen bearbeitete. Diese Kratzereien, Risse, Zappeleien, Sprünge schienen mir nicht »mineralisch« zu sein, sondern zur vorhergehenden Periode der Bewegungsabdrücke zu gehören.

Diese Malereien waren mir zu schnell fertig (oder schienen es zu sein), und ich ging auf präzise Formen zurück, zu einer langsam gewebten peinture – ich war tätig – denn es schien mir immer wichtig, zu handeln und auszusagen, erst danach kommt das Erkennen (bzw. glaubt man, zu erkennen).

Diese Malerei ging von einigen Linien, Flekken aus – oft sagten meine Freunde: »So ist's gut, hör auf!« Aber ich bin ganz anders veranlagt. Ich habe immer gewollt, daß die auftauchenden Bilder schärfere Formen annehmen und daß die Art zu malen sichtbar wird. Nur so kann der Akt des Malens mich anziehen, mich fesseln, mich verführen – nicht mir »gefallen«, denn man kann auch von dem, was mißfällt oder Angst einflößt, verführt werden.

In meiner sehr hellen Periode – vielleicht die verspielteste, hinter Masken verborgene – wollte ich, daß meine Bilder Emanationen seien, ohne daß gezeigt werde, »wie das gemacht ist«: fast pointillistischer Pinsel, unsichtbare, niemals versponnene, sondern »erweckte« Materie.

Es fällt mir schwer, die Zeichnungen »kulturell« zu situieren – denn in der Zeichnung haben die Bilder die unbekannte Kraft der Evokation, sie sind ein Anstoß fürs Gefühlsleben. Das kann man weder anderen noch mir selbst erklären. Die Hartstifte, Silberspitzen habe ich seit langem beiseite gelegt. Ich zeichne im Bett, umgeben von Tusche, Stiften, Gouache, Pastellstiften, (und auch von meinen Katzen, diesen treuen Wächtern). Aber diese Zeichnungen sind nicht ganz automatisch (abgesehen von denen, die ich beim Telefonieren anfertige und die ich in mein Buch »Le Temps de la Mue« aufgenommen habe): Sie folgen einem anderen Weg; es sind in einem gewissen Sinn gelenkte Arabesken, Bizarrerien, die unabhängig davon hinzukommen. Für das Räumliche habe ich immer ein Vorgefühl, es wird ausgefüllt von Ornamenten, Fasern, Linien, Federn, Spuren. So entstehen an den Füßen Pferdehufe, Schuhe aus dem Orient oder aus dem 17. Jahrhundert. Kämpfe, vorbereitende Gesten werden dargestellt – »natürliche« Verhaltensweisen wie die von manchen Tieren oder Insekten. Eine Art linearer Traum. Die Wirkung des Zufalls tritt vor allem in den Aquarellen und Gouachen zutage, sie steigen »von selbst« auf, im Stofflichen der Wahrsagerei.

Alles erscheint mir in der Tat wie das Entfalten anderer Anwesenheit, denn mir scheint, man »gehört sich« nicht. Wir zu sein ist eine Illusion. So könnte man meine verschiedenen Perioden *Pseudonyme* nennen – von Bildern bewohnte Räume – vielleicht ist das eine Art von Aushöhlung der bloßen Scheinrealität.

Von der sehr hellen Periode bin ich zu einer mehr verhüllten dunkelfarbigen peinture übergegangen – nahe dem Tagesgrauen und dem Schatten. Eine Art von Nacht, die sich oft jäh erhellt. Darauf habe ich opake Kompositionen neutraleren Charakters gemalt. Von den Kompositionen kann der Inhalt und manchmal der Name des Bildes ausgehen – scheinbar »willkürlich«, doch manchmal intuitiv-exakt. Dieses Hin-und-her-Fluten zu entdecken, es zu offenbaren, ist nicht leicht und vielleicht nicht meine Sache. Ich selbst sehe da immer etwas Zurückgehaltenes, unbeweglich Gemachtes, angehaltene theatralische Bilder, die sich mir aufdrängen, theatralisch bin ich manchmal selbst. Alle kreativen Naturen sind es vielleicht: exiliert und auf fatale Weise maskiert, denn sie mißtrauen dem Blick des anderen, selbst wenn sie ihn brauchen. Außerdem wissen sie, daß wenn sie einmal bekannt oder »berühmt« sind, ihre Situation schwierig und manchmal nur erträglich sein wird, wenn sie die Gabe des Abwesendseins und des Sich-Spalten-Könnens besitzen.

Zu Besuch bei Leonor Fini

Sie bewohnt drei Stockwerke eines im Zentrum von Paris gelegenen Gebäudes gleich hinter der prächtigen Place de la Victoire, wo in der Mitte ein stolzes Roß mit seinem ruhmsüchtigen König zum Galopp ansetzt. Ich klingle ganz oben, in der vierten Etage, trete ein in die Mansarde. Hier hat Leonor Fini ihr Atelier und Schlafzimmer. Mehrere Katzen, die mich vom letzten Besuch her noch zu kennen scheinen, schwänzeln um meine Beine. Orsino, der weiße Prinz, stößt mehrere kurze Laute aus, ich nehme ihn auf den Arm, kraule sein Fell, er schnurrt. Auch Beauty will gestreichelt sein ... So vergehen die ersten fünf Minuten mit Musidor, Belphegor und noch einigen der 17 Katzen, die zu Leonors Familie gehören. 17 scheint für sie eine heilige Zahl zu sein, denn schon vor fünf Jahren waren es so viele, obwohl inzwischen einige ins Jenseits übergewechselt sind. Zu den Neuankömmlingen gehört die dunkelhaarige, sechs Monate alte Musonka, die um Trilby, den ehrwürdigen Veteranen, einen Bogen macht.

Letzterer hatte zwei Schwestern. »Sie sind gestorben, was mich furchtbar traurig stimmt.«

Leonor Finis Katzenreich mutet wie ein Wirklichkeit gewordenes Märchen aus 1001 Nacht an. Die Katzen sind ihre Kinder, die auf Pfaden, den durch den Dschungel der Fantasie führenden Eingang finden in ihre Zeichnungen, Ölbilder, Erzählungen. Ohne sie ist die Künstlerin nicht denkbar. Sie nennt sie eine »schnurrende Erinnerung an das verlorene Paradies« und sie sind für sie »die besten und geeignetsten Mittler zwischen uns und der Natur«.

Was über Katzen geschrieben, gesagt, gedacht wurde, ist Leonor bekannt: die zur Gottheit erhobene Katze der Ägypter, jene Katzen, die als Ketzer verbrannt oder in stolze Wappen eingesetzt wurden. Sie weiß zu erzählen vom Gestiefelten Kater, von dem Kater Mammon aus dem Pentamerone etc. »Wenn ich heim komme, schlagen sie mir entgegen wie eine Woge; sie mögen es nicht, daß ich ausgehe und zeigen sich erkenntlich für meine Gesellschaft.« Die Katzen sind für sie gleichberechtigte Partner: »Die Anziehungskraft, die sie auf uns ausüben, hat nichts Geheimnisvolles an sich, sie geht von einem nahezu vollkommenen Wesen aus, das schöner ist als fast jedes andere Tier, besser proportioniert als Löwe und Tiger: ihre Augen sind größer, die Nase kleiner, ebenso wohl geformt der Mund, die Zunge, die Fangzähne, der Rücken, der aufmerksame Schweif, die Pfoten . . .«

So teilt Leonor die Menschen ein in jene, die Katzen lieben, die anderen, die sie von sich weisen mit den Worten: Meine Vorhänge, mein gutes Sofa, mein gutes Kotelett. »Alle die Überheblichen, die Neider, die mit den steifen Kragen, die Hochnäsigen, die Knauser – sie alle mögen keine Katzen. Die Niederträchtigen unterstellen ihnen die eigene Bosheit und mißgönnen den Tieren ihre vollkommene Schönheit.«

Ich blättere in dem ›Großen Leonor Fini Bilderbuch‹ (Desch), das auf dem schmalen langen Eichenholztisch liegt, stoße auf das Bild der geflügelten, erzengelhaften Sirenen-Katze mit den jungfräulichen Brüsten, die den »Die Grotte« genannten Text illustriert: »In einem anderen Saal habe ich phosphoreszierende Gemälde gesehen, Bilder, die sich ständig bewegten. Diese Bilder: das war ich und Mourko, ich ohne Hose und Mourko nackt . . . Mourko leckte meinen Rücken mit einer langen, gespaltenen Zunge ... Rinfignina kam mir entgegen ... wir schnurrten beide im Sonnenschein und sie sang mir ganz leise das Lied vom weißen Schäfchen ...«

Wir sehen uns das schon vor mehreren Jahren entstandene Bild »Le Serment Noir« (Der schwarze Schwur) an. Gleich einer zum Sprung bereiten Katze kauert in der Mitte ein Mädchen, das die ihm gegenübersitzende Schöne bös anblickt; sphinxhaft schaut uns ein Lockenkopf an; das schreiende Gesicht oben ist die Verkörperung der Angst. Leonor, die in ihrem weiten schwarzroten Gewand mich an einen ostasiatischen Mönch gemahnt, erklärt: »Den Anstoß gab Goethes Gedicht »Der Schatzgräber«, das ich als Kind auswendig lernte: Arm am Beutel, krank am Herzen / Schleppt ich meine langen Tage ... Und so zog ich Kreis' um Kreise / Stellte wunderbare Flammen / Kraut und Knochenwerk zusammen / Die Beschwörung war vollbracht.« Sie spricht von der Angst, die ihr in die Knochen fuhr, als ihr Vater, der ihre Mutter verlassen hatte, den Versuch unternahm, Leonor, sein Töchterlein, auf der Straße aus dem Kinderwagen heraus zu kidnappen.

Hereingekommen ist Leonors (und mein) Freund, der polnische Schriftsteller Constantin Jelinski, der von uns Cot genannt – sie spricht italienisch mit ihm – der sich auf deutsch in die Unterhaltung einschaltet: »Wenn wirklich Gefahr droht, hat Leonor nie Angst. Als unser Boot bei Sturm vor Korsika einmal auf ein Riff auflief, blieb sie ebenso ruhig wie bei einem Autounfall, als eine Wagendeichsel die Windschutzscheibe durchbohrte. Ihre Ängste sind eher imaginär.« Ich werfe einen Blick ins Schlafzimmer. Rote Bettdecke, Fotos, Zeichnungen von Katzen an den Wänden, denke an den Nachmittag, da ich Leonor, die sich auf dem Lager ausgestreckt hatte, zeichnen sah. Mit schlafwandlerischer Sicherheit führte die Hand den Stift übers Papier, so, als entstünden die in Traumbereichen schlummernden Figuren von selbst. »Wenn ich anfange, weiß ich meist nicht, was herauskommen wird. Mir scheint, ich male die Szenen, die ich zu sehen wünsche.«

Im Atelier auf den beiden Staffeleien je ein Bild mit der gleichen Grundstruktur: zwei sich gegenüberstehende Stühle bzw. Gestelle einfachster Art mit kurzen Beinen. Auf dem ersten sitzt ein Mädchen, das eine Bein untergeschlagen, das andere auf die Stuhllehne gestützt. Ist es eine Verwirklichung von zwei gegensätzlichen Prinzipien? Fest der Erde verbunden, schwebt der Körper scheinbar schwerelos. Auf dem zweiten, noch nicht fertigen Bild sitzen sich zwei Mädchen rätselhaft gegenüber. Vergleicht man diese Bilder mit dem »Operation« genannten Gemälde aus dem Jahr 1939 – ein Mädchen berührt mit ihrer Rechten das Haar eines Sitzenden – überrascht die gleiche transzendente Atmosphäre trotz der stilistischen Verschiedenheit. Die Figuren sind der Wirklichkeit entrückt oder, in dem neuen Gemälde »Extreme Neugier«, ihres scheinbaren Inhalts humorvoll entleert: da schaut ein Mann, ein Voyeur, durch ein Loch in der Wand in ein Zimmer hinein, doch die Person, die er auf dem Sessel sucht, ist spurlos verschwunden.

Über eine innere Wendeltreppe steigen wir in den fürstlichen Salon hinab, der eine einzigartige Jugendstilsammlung birgt, mit langstieligen Vasen, irisierenden Gläsern, Bronzegegenständen. Auf dem roten Doppelkissen eine steinerne, zum Sprung ansetzende Katze, auf Konsolen apartes Metallgeschirr, Wandlampen mit Pflanzenornament, Blattpflanzen, Rosen und Tulpen. Großer Teppich im Jugendstilmuster, weiße Stuckdecke. Cot schenkt mir einen Whisky ein, er selbst trinkt Rotwein, wir stoßen an auf Leonor, die selbst nie einen Tropfen Alkohol anrührt.

Ich lege ihr meine Übersetzung ihres Buches »L'Oneiropompe« vor, die ich für Vis-à-Vis angefertigt habe, nachdem der Berliner Verlag schon L. Finis »Rogomelec« (Übersetzung G. Weber) herausgebracht hat. Sie findet den deutschen Titel »Der Traumträger« treffend und gut, bittet mich, eine Probe daraus vorzulesen: »Es war elf Uhr abends als ich in R. ankam. Die Stadt lag verlassen da ... Ich mußte zwei- oder dreimal mit den Händen klatschen, eh der Nachtportier erschien ... Er hob meinen Koffer an, und da er ihn zu schwer fand, ließ er ihn im Korridor stehen ... das Zimmer war ekelerregend ... Ich begann, mich langsam auszuziehen ... In diesem Moment glaubte ich zuerst, im Hof befände sich ein kleiner Stall. Ich hatte einen penetranten Geruch wahrgenommen ... Ich war überrascht und hörte den Schrei eines Truthahns: es war demnach ein Geflügelhof? ... Kaum hatte ich mir diese Frage gestellt, als ein Hahnenschrei mich fast aus dem

Bett fallen ließ . . .« Gut, gut unterbricht mich Leonor, lies die Theaterszene. Dir ist sicher aufgefallen, daß ich in jede meiner Erzählungen einen Bühnenauftritt eingeflochten habe. »Auf der ganzen in Schatten getauchten Bühne flimmert ein Licht, das sich allmählich türkis färbte, dann gelb, schließlich gelb und rosa, und ich nahm einen Glasbehälter wahr, der die Bühne bis oben einnahm . . . Ich glaubte zunächst sich windende, verwickelte Eingeweide zu sehen. Als das Licht aber heller wurde, sah ich ein Riesenkind, das sich eingeengt fühlen mußte, strampeln . . . das Riesenkind begann auch zu stöhnen, zu schreien . . .«

Leonor will wissen, wie »Der Traumträger« auf mich wirkte im Vergleich zu Rogomelec. »Ich empfand L'Oneiropompe als Steigerung, mir war, als tauche ich in des Traumes brodelnde Mitte ein. Von dem Augenblick an, da der Kater zur Hauptfigur wird, war es spannend wie in einem Kriminalroman.« Cot wirft ein: »Schon in Mourmour, dieser Erzählung für behaarte Kinder, sind Katzen die Akteure.« Leonor fügt hinzu, »die Kinder gleichen Katzen, die Katzen Kindern«.

Und in Mourmour gibt es Feen, die Eselinnen melken; Katzen fliegen um den Kirchturm, der

Katzenportraits anfertigende Lucidor hat verblüffende Ähnlichkeit mit Leonor.

»Ja, ergänzt die Künstlerin, die Malerei wird darin zu einer Projektion unserer Wünsche. Die Sphinx Amalburga deklamiert: Sie ist nicht wie sie immer war / Sein Auge bannt und fremd ist Stirn und Haar / Von seinen Worten, den unscheinbar leisen / Geht eine Herrschaft aus und ein Verführen / Sie macht die leere Luft beengend kreisen / Und sie kann töten, ohne zu berühren.« Bravo, welch ein Gedächtnis! Hofmannsthal.

Wie in einem Bauernhof die Schwalben, schwirren in Leonors Kopf Verse, Melodien, Schlager. In Triest, wo sie aufwuchs, war sie in ständigem Kontakt mit der deutsch-österreichischen Kultur. So gibt sie zum besten: »Ferdinand war Straßenbahner und der höchste Donjouaner.« Wir lachen, sie fährt fort: »Was machst du lieber Franz mit dem Schwanz beim Tanz.« Sie summt: »In einer kleinen Konditorei, da saßen wir zwei ... und, ich glaube das sang meine Großmutter, Oje, die Fee, mir fehlt mein Portmonnä.«

Leonor zeigt mir einen Fragebogen, den ihr kürzlich ein Journalist unter die Nase schob. Die Fragen sind dumm, meint sie, einige meiner Antworten aber witzig: Was wäre für Sie das größte Unglück? Wenn plötzlich alle Menschen Hühnerköpfe hätten. Wo möchte ich leben? Im Haus von Hänsel und Gretel. Was ist für Sie das größte Glück? Wenn meine Katzen für mich singen. Welche Eigenschaften schätzen Sie beim Mann? Weibliche. Bei der Frau! Männliche. Was möchten Sie sein? Ein weißer Tiger. Weiß enthält alle Farben. Was verabscheuen Sie am meisten? Die Jagd. Wie möchten Sie sterben? Mit dem Mondkalb neben mir auf dem Mond. Das Leben eine Folge von lustigen, traurigen, grausamen, geheimnisvollen Festen! Zwei ihrer mit 17 Jahren entstandenen Ölgemälde nennt Leonor »Zeremonien«. Sie entwirft Bühnenbilder und Kostüme für Stücke von Genet, Audiberti, Pirandello, Panizza (Le Concile d'Amour) etc. 1950 inszeniert sie das in Paris und London aufgeführte Ballett »Le Rêve de Leonor«, zu dem Benjamin Britten die Musik kreiert. Sie verkleidet sich selbst und feiert in ihrer korsischen Klosterruine (die sie inzwischen aufgegeben hat) fantastische Feste. Manchmal wird ihr Werk rätselhaft wie die Sphinxe, die sie in ihrer Jugend in Wien faszinierten, dann wiederholt gezeichnet hat und von denen sie eine in ihrer Erzählung »Der Pantigan« auftauchen läßt als Amouri: »... ich konnte nicht umhin, mich ihr zu nähern, ihr schweres, moschusduftendes Haar zu berühren, das sich um ihre niedere Stirn lockte, ich konnte nicht umhin, ihre Lider zu küssen ... Ihr Geruch war der eines Tieres ... einer Katze, wenn sie nach langem Herumstreunen im Freien wieder heimkehrt.«

»Drei Mal«, sagt Leonor, »hab ich mir Fellinis letzten Film ›E la nave va‹ angesehen und ich werde ihn ein viertes Mal an mir vorüberziehen lassen.« Auf ihre Empfehlung hin habe ich, der ich selten ins Kino gehe, mir den Streifen angesehen und war begeistert. Traum von der Adria im Juli 1914. Die Asche einer unvergleichlich großen Sängerin wird auf einem Luxusdampfer in Begleitung ihrer Fans, Gesangskollegen, Dirigenten, Freunde zu der Insel gebracht, auf der sie geboren ward. Humorvolle Szenen wechseln mit Bildern, die an Dantes Inferno erinnern: Die Maschinisten, tief drunten vor den Feuern der Heizkessel, fordern die sie erstaunt beobachtenden Sänger auf, ihnen ein Ständchen darzubringen. Was dann beim Tosen der Motoren auch geschieht. Flüchtende Serben kommen an Bord, sie müssen sich auf der Brücke aufhalten, wo sie mit Tanz und Musik ein Fest improvisieren, an dem die Trauergesellschaft in rasender Turbulenz teilnimmt. Leonor, die sich rühmt, aus einer Mischung von deutschem, österreichischem, balkanischem, italienischem Blut hervorgegangen zu sein, jauchzt innerlich, wenn sie von diesem Film spricht und die Szene evoziert, wo kurz vor dem dramatischen Schiffsuntergang die Todgeweihten Chorpassagen aus Verdis Nabucco singen. »Irgendwie erinnert mich das an meine Kindheit. Ich war sechs Jahre alt. Bei meinem Onkel wurde gefeiert, war's Weihnachten, war's Neujahr? Es wurden, ähnlich wie in dem Film, fünf, sechs Sprachen gesprochen, die Zimmer waren mit Girlanden geschmückt, auf Tischen türmten sich Pyramiden von Speisen, Früchten, Wurstwaren; dann wurde ich ins Bett geschickt, und ich lauschte, wie ein herrlicher Baß Lieder vortrug. Später durfte ich aufbleiben, und ich mußte in der Silvesternacht mit einer Champagnerflasche das Neue Jahr spritzend und krachend willkommen heißen.«

Gerhard Weber

Leonor Fini erzählt

Gespräch mit Claudia Steinsberger

Paris, 3. März 1987

Claudia Steinsberger: Im Gegensatz zu Ihrem
bildnerischen Werk hat Ihre literarische Arbeit
weitaus weniger Beachtung erfahren ...

Leonor Fini: Ja, das liegt wohl daran, daß ich ganz
im stillen schreibe, und es sind dann die Verleger, die mich auffordern zu veröffentlichen. Ich
selbst verspüre keinen Antrieb dazu. Ich
schreibe für mich selbst, um mich eine Zeitlang
zu amüsieren, und nie habe ich daran gedacht,
etwas zu veröffentlichen. Aber man hat es mir
so oft vorgeschlagen, hier in Frankreich und in
der Bundesrepublik, daß ich schließlich einge-
willigt habe.

C. S.: Ihre ersten Texte wurden zu Beginn der
70er Jahre herausgegeben. Bedeutet dies, daß
Sie erst relativ spät Lust am Schreiben gefunden haben?

L. F.: Nein, ich habe immer schon geschrieben und besitze eine ganze Menge Aufzeichnungen. Meine Güte, was war ich doch für ein Wildfang! Ich erinnere mich gar nicht mehr, was alles darin steht. Ein Verleger allerdings hat das gelesen und gemeint: »Das muß veröffentlicht werden.« Aber ich selbst habe nicht daran gedacht. Schließlich finde ich, daß die Malerei schon eine anspruchsvolle Aufgabe darstellt. Die Sachen, die ich geschrieben habe, sind entstanden, um mir selbst Vergnügen zu bereiten oder auch meinen Freunden, die so etwas gerne lesen, um zu lachen, oder einfach gerne in merkwürdigen Geschichten herumspazieren. Aber das Schreiben macht für mich eine Nebentätigkeit aus. Meine Hauptaktivität bleibt die Malerei. Oft habe ich Geschichten verfaßt oder kleine seltsame Gedichte, vor allem dann, wenn das Tageslicht zu schwach ist, um zu malen. Ich habe keine Schriftstellerlaufbahn, verstehen Sie, während die Kunst beides für mich ausmacht: Arbeit, aber auch eine Karriere.

C. S.: Ich finde, daß schon die Titel ihrer Bilder und Zeichnungen sehr poetisch sind . . .

L. F.: Die Titel? Ja, wahrscheinlich haben sie

einen Bezug zu dem, was ich schreibe. Aber die Werktitel entstehen ganz selbstverständlich. Zum Beispiel das Bild ›Kleine Einsiedler-Sphinx‹: Eine kleine Sphinx, ein wenig verschüchtert, lebt in einer Ruine wie, so glaube ich, einige *Raubtiere**, die sich ebenfalls gerne in verfallenen Gemäuern aufhalten. Das sage ich sogar im ›Traumträger‹, daß die Hauptfigur, der Kater, Ruinen liebt, verwilderte Orte. Ach nein, ich schrieb dies in einem anderen Buch, das Sie nicht kennen. Es heißt ›Miroir des chats‹. Leider ist es mittlerweile vergriffen und nirgends aufzutreiben. Ich besitze die Urheberrechte und wurde oft aufgefordert, einer Neuauflage zuzustimmen. Aber das will ich nicht. Das Buch war ein großer Erfolg. Es ist wirklich sehr gelungen, außerordentlich gut. Ich habe es zusammen mit einem Freund verfaßt, einem Fotografen. (Es handelt sich hierbei um einen Fotoband für den Richard Overstreet Aufnahmen von Leonor Finis Katzen zusammenge-

---

* Das Gespräch wurde in französischer Sprache geführt, wobei Leonor Fini manchmal deutsche Wörter miteinfließen ließ, die nun durch Hervorhebung gekennzeichnet sind.

stellt hat, die Leonor Fini mit Texten versah.
– Anm. C. S.) Ich möchte das Buch nicht
wieder auflegen lassen, denn es stellt für
mich ein einmaliges und bereits vergangenes
Erlebnis dar. Ich möchte keine Wiederho-
lung. Außerdem gibt es noch einen anderen
Grund: Einige der fotografierten Katzen, die
leider schon zehn, zwölf Jahre alt gewesen
sind, sind mittlerweile gestorben. Das bereitet mir Kummer, und deshalb möchte ich das
Buch lieber als Erinnerung wissen.
Vor kurzem war ich als Gast in eine Rund-
funksendung eingeladen worden. Ein Schau-
spieler, den ich nicht kannte, liest mit einer
wunderschönen Stimme eine Stelle aus dem
›Traumträger‹ vor. Es ist die Textstelle, in der
ein Kind namens Furio mit einem Kater ein
Zeremoniell veranstaltet: Furio versucht den
Kater wild zu machen, indem er ihm Blut zu
trinken gibt, und ich habe diese Szene mit
einem unheimlichen Dekor ausgestattet. Der
Junge verkleidet sich als eine Art Krieger.
Der Kater natürlich trinkt das Blut, das ihm
in einem Teller gereicht wird. Aber völlig
unbedarft, so als ob er rohes Fleisch fressen

würde. Diese Textstelle hat die Leute sehr beeindruckt.

C. S.: Es ist eine etwas grausame Szene.

L. F.: Ja, sie ist grausam. Aber der ›Traumträger‹ ist vielleicht weniger grausam als ›Rogomelec‹. *Haben Sie gelesen?* Diese Erzählung ist furchterregend. Das Ende ist schrecklich, als dieser gehenkte König erscheint, der stirbt und der gesteinigt wird. Aber ich liebe besonders das Fest der Mönche. Sie gleichen orthodoxen Mönchen, sehr schwarz mit ihren Bärten, ziemlich entfesselt und zynisch. Sie sind bestimmt nicht sehr mystisch.

C. S.: Sie scheinen Szenen zu beschreiben, die Sie vor sich sehen? Wie entstehen eigentlich Ihre Erzählungen?

L. F.: Ich schreibe mit einer Geschwindigkeit, so als ob ich unter eigenem Diktat stehen würde. Ich mache «frrrrrrrrrr», einfach so. Meine Freunde fragen mich dann: »Was tust du?« – »Ich schreibe.« Und nach drei Tagen ist Schluß. Darüber sind andere Schriftsteller erstaunt, denn sie machen Skizzen, sie streichen durch, sie fummeln am Text herum und schreiben dann alles noch mal ab. Ich bin anders. Deshalb bin ich auch keine Schriftstellerin, sondern ein Schreiberling.

C. S.: Dabei hatte ich den Eindruck, daß Ihre Erzählungen gar nicht so »automatisch« entstehen, sondern durchaus bewußt konstruiert sind: Der Handlungsverlauf im ›Traumträger‹ ist streng chronologisch und enthält äußerst genaue Zeitangaben. Falls ich mich nicht verzählt habe, beträgt die erzählte Zeitspanne siebzehn Tage. Das war doch Absicht?

L. F.: Nein, das wußte ich gar nicht. Das ist ja sehr interessant. Also, der arme Junge im ›Traumträger‹ ist ganz verzweifelt, als der Kater verschwindet. Und nun schwimmt er bis zu einer Insel, um ihn zurückzuholen, und dort begegnet er einer Frau. Er liebt sie ein wenig, aber nicht zu sehr. Beinahe sind sie soweit, sich wirklich zu begehren. Er allerdings hat diese Obsession des Katers, denn der Kater übt eine enorme Wirkung auf ihn aus.

C. S.: Eines hat mich wirklich erstaunt: In der Erzählung ›Mourmour‹ . . .

L. F.: Ach, Sie haben auch ›Mourmour‹ gelesen? Aber in Französisch, denn das Buch ist nicht *übersetzt*. Ich habe auch im Moment keine Zeit, mich mit einer Übersetzung zu beschäftigen, ich bin ungeduldig und habe bereits andere Dinge vor. Aber kürzlich, vor einigen Monaten, habe ich eine sehr schöne Geschichte geschrieben. Leider ist sie in meinem Papierkram verschwunden. Sie ist sehr beeindruckend, furchterregend. Ich verfasse immer Geschichten, die etwas Schauerliches darstellen. Zum Beispiel gibt es da die Geschichte von zwei Brüdern. Einer von ihnen nimmt mich in eine Wohnung mit, wo ich plötzlich dem anderen gegenüberstehe. Allerdings ist es mir anfangs gar nicht bewußt, daß es sich um zwei Brüder handelt. Beide sind sie sehr *unheimlich.* Wenn ich diese Geschichte nicht wiederfinde, müßte ich sie noch mal schreiben. Dazu habe ich allerdings keine Lust. Aber es gibt da noch eine andere kleine Erzählung, sehr kurz und recht amüsant. Diese werde ich noch mal ins reine schreiben. Ich bin so unordentlich, ich verliere dauernd meine Manuskripte. Bei mir liegen massenweise Blätter rum! Manchmal beschließe ich: »Allez, hop – wir werden alles wegwerfen.« Und »huiii«, ist es verschwunden. In dieser anderen Geschichte nun lerne ich einen sehr mysteriösen Herrn kennen, der mir antwortet: »Es ist nicht leicht, aber ich werde Ihnen den Gefallen tun.« Was tut er also? Er zaubert: »Einmal im Jahr vielleicht können Sie sich in eine Katze verwandeln, aber niemand wird es wissen. Selbst Ihre Katzen werden verunsichert sein. Aber an jenem Tag werden Sie Gäste empfangen. Diese wissen, daß Sie zu Hause sind. Sie spüren Ihre Anwesenheit: ›Wo sind Sie denn?‹ Und Sie sind eine Katze.« Auch die anderen Katzen sind versammelt. Die Gäste stellen fest: »Heute hat sie etwas Verspätung.« Ich bin jedoch anwesend, als Katze. Dann ereignen sich lauter witzige und dubiose Dinge. Plötzlich klingelt jemand an der Haustür. Raphael – den Sie gesehen haben – fordert nun die Anwesenden höflich auf, den Besuch zu beenden, denn Madame erwarte bereits die nächsten Gäste. Ich, immer noch Katze, lache ein wenig und entdecke, daß die Leute das angebotene Gebäck nur angeknabbert haben. »Schlecht erzogen«, stelle ich fest. Auf einmal ist die Zeit, in der ich Katze sein durfte, fast abgelaufen. Ich steige mit den anderen Katzen die Treppe hinauf, ganz, ganz schnell, und ich streife dabei die anderen Katzen und fühle ihr Fell. Als ich schließlich im oberen Stockwerk bin, plouf, falle ich aufs Bett – und der Zauber ist vorbei.

Verstehen Sie, es ist irgendwie *eine Stimmung*. Das gefällt mir, ich werde diese Geschichte wohl tippen lassen. Es fällt mir ganz leicht, solche Dinge zu erfinden.

C. S.: In dieser Geschichte, die Sie gerade erzählt haben, sind Sie selbst die Hauptfigur. Identifizieren Sie sich auch im ›Traumträger‹ und in ›Rogomelec‹ mit Ihren Protagonisten?

L. F.: Ein wenig. Ich bin mitten im Geschehen, gleichzeitig aber auch Außenstehende.

C. S.: Während in Ihren Bildern eindeutig Frauengestalten dominieren, als Hexen, Amazonen oder andere weibliche »Monster« zum Beispiel, sind die Hauptpersonen in Ihren Erzählungen Männer. Gibt es dafür einen Grund?

L. F.: Ich denke immer wie ein Junge, ein junger Mann. Ich bin dem Licht sehr ähnlich, doppelt. Sagt man *Zwitter* dafür? – Ich bin von einer ganz ausgeprägten *Zwitter*-Natur, ein wenig Mann und ein wenig Frau. Aber oft Mann. Allerdings überhaupt keiner, der hinter Frauen herjagt. Ich bin keine Person, die sich vom anderen Geschlecht maßlos angezogen fühlt. Ich bin ein sehr verschlossenes Wesen, wie ein *Ei*. Natürlich bin ich auch eine sehr freidenkende Person, die alle möglichen Abenteuer erlebt hat. Jedoch ohne diese Manie.

Also, wenn ich schreibe, entscheide ich mich auch deshalb für die Rolle eines Mannes, um den Leser mehr irrezuführen, ihn mehr zu verwirren. Ich möchte in ihm einen Zweifel auslösen, eine Art Skepsis. Zum Beispiel im ›Traumträger‹: Da gibt es die Stelle, die ich sehr hübsch finde, wo die Hauptfigur zu einer Insel schwimmt. Eine Frau kann das gar nicht. Er schwimmt und erreicht diese Insel – das ist eine Sache, die ein Mann unternimmt. Es gibt typisch männliche Situationen. Eine Frau zum Beispiel schwimmt nicht von einer Insel zur nächsten.

C. S.: Aber warum denn nicht?

L. F.: Auf jeden Fall keine Frau wie ich – *faul*! Ein Mann, ja. Seine Haut ist ganz aufgeschürft, wegen der Felsen. Als er auf der Insel ankommt, begegnet er einer Frau, die ihm ziemlich gut gefällt. Aber er denkt an den Kater. Der Kater ist sein zweites *Ich*. Das Ende der Geschichte ist sehr hübsch, als der Kater auf dem Thron erscheint und der Oberst, darüber muß ich immer lachen, applaudiert, indem er sich auf die Wange schlägt und begeistert ruft: »Exzellent, exzellent!«

C. S.: Obwohl der ›Traumträger‹ einige witzige Stellen enthält, halte ich es doch für ein eher melancholisches Buch. Die Hauptfigur scheint mir recht lebensüberdrüssig zu sein, frustriert.

L. F.: Nein. Natürlich ist der Mann über den Verlust des Katers traurig, denn dieser Kater war sein Licht, sein Leben. Deshalb leidet er sehr darunter. Denn im Kater hatte er die andere Seite seines Wesens entdeckt, seine starke Seite. Der Kater schafft alles. So nimmt er den Protagonisten mit in dieses Museum, in dem sich dann alle Gemälde beleben. Der Kater ist voller Kraft.

C. S.: Während die Hauptfigur doch sehr passiv erscheint.

L. F.: Ich glaube, ich selbst bin der Kater, und nicht die Person des Protagonisten. Der Kater ist sehr energiegeladen. ›Rogomelec‹ ist viel schrecklicher, denn es taucht darin immer dieser Tod auf. Und die Frau, die Admata heißt. In einem alten Wörterbuch – ich habe in den Schriften der Mönche gelesen, die vielleicht etwas willkürlich sind – »Admata«, das bedeutet »Duft des Todes«. Ich liebe Admata. Sie ist sehr elegant, und es ist schauerlich, wenn sie mit ihrem Stock auf den hohlen Boden schlägt. Und dann diese Art Doppelgänger, der Doppelgänger, der mordet. Der Protagonist sieht, wie sein Doppelgänger vor ihm läuft, ein Mann wie er, und dieser tötet den König.

In ›Mourmour‹ liebe ich sehr das Fest des Mondes. Ich habe sogar auf deutsch ›der Bürsch‹ geschrieben – *der* Mond. (Der Mond ist im Französischen weiblich – »la lune«. Anm. C. S.)

C. S.: Ja, der Bursche. Ich glaube, im Buch wurde das Wort nicht richtig geschrieben.

L. F.: Der Verleger ist ein solcher Stümper. Er hat das Buch im flämischen Teil von Belgien drukken lassen, wo sie kein Französisch sprechen. Es ist voller, voller Fehler, weil dort weder Französisch noch Deutsch gesprochen wird. Ich selbst habe einige Bücher korrigiert. Wo haben Sie eigentlich ›Mourmour‹ gefunden? Haben Sie dem Verleger geschrieben?

C. S.: Nein, ich habe es in einer französischen
Buchhandlung erhalten.

L. F.: Ich nämlich spreche nicht mehr mit diesem
Verleger. Er wurde von der Liste der Verleger
gestrichen, weil er viele Leute betrogen hat.
Neulich hat mich Julien Green angerufen. Er
war sehr froh, denn sie haben den Prozeß gegen diesen Kerl gewonnen. Was ist der doch
für ein Lump! Aber jetzt wird er sich einen anderen Namen zulegen. Verstehen Sie, diese
Leute tauchen immer wieder auf der Bildfläche
auf.

C. S.: Ich finde es sehr schade, daß keine deutsche
Übersetzung von ›Mourmour‹ existiert.

L. F.: Ich könnte es zur Übersetzung geben. Aber
es darf nicht *altmodisch*, nicht zu *gemütlich* übersetzt werden, und man müßte unbedingt dieses
leicht perverse Prickeln rüberbringen, das das
Buch enthält. Es braucht einfach *Pfeffer* dazu.
Ich sollte es selbst übersetzen, aber ich kann
nicht, weil es wirklich mit Arbeit verbunden
wäre, und das fände ich sehr lästig. Andererseits
gefällt es mir auch nicht, bei der Übersetzung
mitzuarbeiten: Ich schreibe die Geschichte.
Wenn ich mich zusätzlich auch noch darum

kümmern muß, ob es gut übersetzt wird – ich habe schon genug davon, mich mit den Kunsthändlern herumzuschlagen, die ich nicht selten vor die Türe setzen muß. Wenn ich mich jetzt auch noch darum kümmern soll, ob das Buch gut übersetzt wurde, nervt es mich. Ich will unabhängig bleiben. Außerdem liebe ich die Malerei. Das Malen fasziniert mich viel mehr. Vielleicht gerade deshalb, weil es zeitintensiver ist. Immerhin brauche ich einen Monat, um ein Bild fertigzustellen. In dieser Zeit bin ich ganz umhüllt vom Bild. Ich befinde mich dann in einer Art Glückszustand. Wenn ich schreibe, dauert dies zu kurz, denn ich versenke mich nicht so darin. Die Schriftstellerei ist wirklich nebensächlich für mich.

C. S.: Dennoch enthalten Ihre Texte keine Banalitäten, sondern einige sehr interessante, philosophische Gedanken.

L. F.: Jeder sagt mir das. Nun, so ist mein Denken. Es gibt immer einen *Hintergrund*, eine tiefere Bedeutung. Aber sie entsteht von alleine. Ich könnte mich morgen hinsetzen und eine neue Geschichte verfassen. Wie schön ist es doch, dieses Bild zu betrachten! (Leonor Fini deutet auf ein Gemälde, das sie eben fertiggestellt hat. Es zeigt mehrere ältere Frauen in einem Schwimmbecken. Anm. C. S.) Sofort sind mir alle diese Gestalten bekannt. Ich sehe diese wunderbare mythische Person, und das bereitet mir mehr Vergnügen.

Aber ›Mourmour‹ – ich habe es in den letzten Tagen noch mal gelesen – ist wundervoll. Ich halte es für das schönste meiner Bücher, es ist so lustig! In ›Mourmour‹ gefällt mir eines ganz besonders: Es ist eine Frau. Man sagt, sie ist sehr elegant, sie trägt einen Hutschleier und hübsche Schuhe. Der Kater »Mourmour« betrachtet sie, und plötzlich warnen ihn die anderen Katzen, alle mit merkwürdigen Namen: »Vorsicht, es ist Medusa!« Überall hat sie scheußliche kleine Haare, sie ist sehr gefährlich, und der Ritter der Apokalypse begleitet sie. Immer gibt es dieses Doppelte von Spiel und Schrecken. Der Kater Mourmour zum Beispiel läßt sich ständig auf Abenteuer ein mit Katzen, seltsamen Affen, alles recht zweideutig. Den Seehund liebe ich besonders, den Seehund, der italienisch spricht; er hat es von einer Frau gelernt, die aus Italien stammt und immer sagt: »buona sera«. Der Seehund vom Mittelmeer! Am Schluß gibt es diese erotische und schreckliche Szene, sehr beeindruckend für den jungen Kater.

C. S.: ›Mourmour‹ ist ein ziemlich erotisches Buch, und auch Ihre Gemälde und vor allem Ihre Zeichnungen kennen keine sexuellen Tabus . . .

L. F.: Ich habe keine Tabus.

C. S.: . . . aber in ›Rogomelec‹ und dem ›Traumträger‹ finden sich keine deutlich sexuellen Szenen.

L. F.: Die Erotik ist darin viel leiser, viel unterschwelliger. ›Mourmour‹ hingegen ist sehr offen. Für mich verkörpert sich in diesem Buch die totale Freiheit. Männchen, Weibchen, Tiere und Menschen, alle vereinigen sich. Es ist ein entfesseltes Universum, *ausgelassen*.

Im ›Traumträger‹, als der Protagonist mit Morella zusammen ist – übrigens ein Name von Edgar Allan Poe, ich liebe dieses Wort: »Morella«. Sie befinden sich zusammen in dieser Landschaft, um den Kater zu suchen. Dann, als er müde wird, trägt sie ihn, und er sagt: »Ich fühle mich so unbeschwert wie Kinder, wenn sie in den Armen gehalten werden.« Auf einmal fühlt er sich sehr ausgeruht. Es gibt schon solche Augenblicke des Verlangens – aber die Hauptsache bleibt doch der Kater.

C. S.: In allen Ihren Erzählungen begeben sich die Hauptfiguren auf eine Reise, obwohl sie sich zuerst dagegen sträuben.

L. F.: »Eine sinnlose Sehnsucht«, wie Maurice Scève es in ›Rogomelec‹ sagt.

C. S.: Und Sie teilen diese Meinung?

L. F.: O ja, denn ich bin viel gereist. Jetzt wird es für mich entsetzlich. Ich verreise schon, aber in einem riesigen Auto. Manchmal mit meinen Katzen, wenn ich nicht weit weg fahre. Jetzt verabscheue ich die Eisenbahn und die Flugzeuge.

C. S.: Madame, ich danke Ihnen dafür, daß Sie diese Unterhaltung ermöglicht haben.

L. F.: Nennen Sie mich nicht »Madame«, ich bin ein »Wesen«. Nun haben Sie eine Menge Aufnahmematerial. – *Sie können ein Omelett daraus machen.*

(autorisiert am 22. 2. 1988)

123

Weitere Titel aus der Reihe
›Die Frau in der Literatur‹

Wir schicken Ihnen gerne ausführliche Informationen über alle lieferbaren
Titel in der Reihe ›Die Frau in der Literatur‹. Postkarte genügt:
Ullstein Taschenbuchverlag, ›Die Frau in der Literatur‹,
Lindenstraße 76, 1000 Berlin 61.